没有不好的学生
只有不好的教育

教师的专业发展，不在于理论是否高深与新颖，重要的是理论与实践的联系，让教师们从自己的日常工作中获得真实有效的经验与反思。本丛书更多地立足于教师的三尺讲台来研讨教师的专业发展，从真实可感的教学实践中探索教育的真知。

咸慧师　本书编写组◎编著

图书在版编目（CIP）数据

　　没有不好的学生，只有不好的教育／《没有不好的学生，只有不好的教育》编写组编 . —广州：广东世界图书出版公司，2011. 3（2021.5 重印）

　　ISBN 978－7－5100－3355－1

　　Ⅰ. ①没… Ⅱ. ①没… Ⅲ. ①中小学教育－教育工作 Ⅳ. ①G63

　　中国版本图书馆 CIP 数据核字（2011）第 036105 号

书　　　名	没有不好的学生只有不好的教育	
	MEIYOU BUHAO DE XUESHENG ZHIYOU BUHAO DE JIAOYU	
编　　　者	《没有不好的学生只有不好的教育》编写组	
责任编辑	王　红	
装帧设计	三棵树设计工作组	
责任技编	刘上锦　余坤泽	
出版发行	世界图书出版有限公司　世界图书出版广东有限公司	
地　　　址	广州市海珠区新港西路大江冲 25 号	
邮　　　编	510300	
电　　　话	020-84451969　84453623	
网　　　址	http://www.gdst.com.cn	
邮　　　箱	wpc_gdst@163.com	
经　　　销	新华书店	
印　　　刷	三河市人民印务有限公司	
开　　　本	787mm × 1092mm　1/16	
印　　　张	12	
字　　　数	160　千字	
版　　　次	2011 年 3 月第 1 版　2021 年 5 月第 3 次印刷	
国际书号	ISBN　978-7-5100-3355-1	
定　　　价	38.80 元	

"教师专业发展" 丛书编委会

主　编

王利群　　解放军装甲兵工程学院心理学教授
周作宇　　北京师范大学教授、教育学部部长

编　委

马世晔　　中华人民共和国教育部考试中心
李功毅　　《中国教育报》副总编
王增昌　　《中国教育报》高级编辑
殷小川　　首都体育学院心理教研室教授
张彦杰　　北京市教育考试院
魏　红　　北京师范大学教务处
刘永明　　北京师范大学继续教育与教师培训学院 副研究员
刘艳茹　　北京市顺义区教育研究考试中心，中学高级教师
刘维良　　北京教育学院教育学教授
杨树山　　中国教师研修网执行总编
肖海雁　　山西大同大学心理系主任，教授
张兴成　　西南大学（原西南师范大学）副教授
南秀全　　湖北黄冈特级教师
方　圆　　北京光辉书苑教育研究中心研究员

序　言

　　教师是一个神圣的职业，也是一个更加需要专业性的职业。这里的专业性主要体现在一个教师的教学技巧上，包括课堂的管理、对学生的培养方法、教育理念如何随着时代、环境、学生情况的变化而更替、教师自身专业知识的巩固、更新等等。

　　一个教师所拥有的良好的教育方法，不但可以帮助教师提高工作效率、改善教育成果，也能为师生之间建立起一座情感的桥梁。教学方法的掌握更能引发学生的学习兴趣，集中学生的注意力、激发学生的求知欲、更能让教师的工作环境、学生们的主要学习环境——课堂充满生动、活泼、自然之气氛。

　　为了适应新课程改革的发展和广大教师职业发展的迫切需要，我们推出了这套"教师专业发展"丛书。依照教师们在教学中遇到的、可能遇到的问题都做了面面俱到的分析和解答，为教师们提供了多种教学方法，以便参考。

　　培养出品学兼优的学生，一直都是所有的教师的最梦寐以求的。如何让一个好学生好上加好，让一个"坏"学生逐渐向好学生过渡、转化，都是需要教师付出大量心血和娴熟技巧的。《好学生是教出来的》《没有不好的学生，只有不好的教育》就是针对好学生的养成而策划的。它们从不同的角度进行阐述，目的就是让教师能够抓住教育的切入点，从而对症下药、因材施教。

　　《教育创新与课堂优化设计》与《教师课堂教学技能的培养和提高》两本书中提供了一系列的方法和技巧，来帮助我们教师如何把死板的教学变得更加鲜活，怎样把最经典的教育理念和方法融入有趣的情境中，让教师更充分地领会先进、有效的教育方法。而公开课是每一位教师都要经历的。它不仅是对教师教学水平的检验，更是教师交流和探索教学经验的平台。不管是步入教师行业的第一堂公开课，还是在教师职业上的任何一堂，都是全方位检验一个教师教学质量的试金石。所以便有了《如何上好一堂公开课》这本书。

《如何成为骨干教师》这本书明确地道出了成为一位骨干教师所要具备的基本要求，并提供了各种可以达到此标准的路径。

在此套丛书中，我们更注重的是培养广大教师的教育思想、创新精神，鼓励教师们在实践中创造性地发展，总结先进的教学模式和教学方法。毫无疑问，这些新思想、新模式、新方法势必能够使教师们极大地提高教学质量。

丛书采用了浅显的语言去解释深刻的道理，把死板的说教知识人性化、鲜活化，并运用了大量的案例来分析、点评、讲解，把先进的教育理念同有趣的情景再现融会贯通，深入浅出，娓娓道来，让教师们能够最大程度上的领会、吸收先进的教育经验。

前　　言

　　众所周知的工读学校的创始人马卡连柯，是与苏霍姆林斯基齐名的苏联著名教育家。只不过，马卡连柯与苏霍姆林斯基最大的不同是，马卡连柯专以改造流浪儿和少年犯著称。十月革命后，苏联国内许多儿童失去父母，流浪街头，有些甚至沦为了罪犯，人数逾二百万之多。为了解决这一严峻的社会问题，苏联政府成立了以捷尔任斯基为领导的"儿童生活改善委员会"，并在各地创设了工学团。

　　在此背景下，马卡连柯受命创办"波尔塔瓦幼年违法者工学团"，不久更名为"高尔基工学团"。教育对象一般是 13 ~ 17 岁的、有违法或轻微犯罪行为的、不宜留在原校学习，但又不宜劳动教养或判刑的中学生和社会适龄青少年。学制一般为 2 ~ 3 年，在校学生在校期间除了接受文化教育、职业技术教育和思想政治教育外，还按年龄组织必要的生产劳动，实行半工半读，实行严格的管理和奖惩制度。工读学校的学生毕业以后，根据各自的情况分别送回原学校，或调换学校继续上学，或参军，或安置就业，政治上不歧视。

　　工读学校很好地解开了教育两难问题——在普通学校与社会之间设立第三方，专门容纳普通学校的常规教育手段无法教育的"不好"学生。

　　西方国家也一度在普通学校与社会之间设立第三方，为容纳普通学校的常规教育手段无法教育的问题学生而建立特种学校、治疗所、青少年之家等等。

1

反观我们国家，现如今的教育体系，一言以蔽之，是在筛选学生，而不是培育学生。评价教师成绩的标准，往往是这名教师教育出了多少优秀学生，而不是挽救了多少不好的学生。很多问题学生的问题是经过了几年的积累形成的，你费了九牛二虎之力充其量只能使他的成绩到达班级的中游。在种种利益和竞争压力驱使下，一种趋易避难的现象便在教师群体中蔓延开了：教师越来越向基础较好、比较容易教的学生靠拢，而越来越疏远那些难教的"不好"的学生。

　　我们只有一套越来越精致的筛选学生的教育体系，而几乎没有一套专门救助问题学生的教育体系。于是，面对普通学校的常规教育手段无法教育"好"的学生，一种两难的问题便摆在教师和学校面前了：让这样的问题学生继续留在学校吧，他会危害教师和其他同学的教学活动，并且，他很可能被挤在角落里，充当一个透明人的角色，问题越积累越多；如果开除了这个"不好"的学生，则是把他过早地被推向了社会，更加速了他的堕落，一旦与其他辍学者结成青少年犯罪团伙，则会危害公众的安全，危害性更大。可以说，这种两难的处境，是造成现有教育模式救助"不好"学生乏力的最大症结。

　　"不好"的学生真的存在吗？

　　美国佛罗里达大学教授默瑟 1968 年在一所学校举办的会议上与与会代表做了一个小小的试验。他向台下几十名由家长、教师和教育官员组成的成人听众问了一个智力题。其实这个题目本身并不复杂，只要有一定的数学基础，都能解答。不同的是，默瑟将问题的一个条件变化了一下，使这个问题变成了一个无解的题目。不过在向众人提问时，他做了点小小的文章，煞有介事地说这是一个很容易的测试，根据统计，大多数人一分钟之内就可以得出答案。只不过，一分钟之后，没有人举手，又过了一分钟，还是沉默。又过了几分钟，底下的一些人坐不住了，有的喃喃自语，有的抓耳挠腮，有的还偷瞄左右人的答案，有的甚至满嘴脏话，有的将笔折断……

　　默瑟随后公布了答案：此题无解。这个测试的目的并不是要测试智商的高低，只是从这个略带"恶搞"的试验中，我们可以看出，这些平时具有良好道德修养的成年人在几分钟内竟然表现出和那些"不好"的学生相似的焦虑。默瑟也宣布了结论：无论是孩子还是成年人，当被给予不恰当的任务时，都会表现出攻击性行为或者逃避。

其实，这也是我们我们编写本书的初衷所在，在家长和老师眼中的"不好"学生不是破坏者，而是受害者。当成年人面临和他们同样的问题时，我们的表现也不会比他们好到哪里去，甚至更糟。那么，真正的破坏者是谁？答案不言自明。

如果把眼界放得开阔一些，我们哪个人曾经不是问题学生呢？或者说我们又有谁不曾有过问题呢？换句话说，在这个世界上每一个人都是特殊的，既然如此，也就不存在特殊的人，也就不能用"好"或者"不好"来随意界定一个学生。如果我们的家长和老师能用这样高远的目光去看待那些"不好"的学生，相信我们的教育会更加有效。也就是说，我们要真正改变的不是"不好"的学生，而是我们的教育手段。

本书前两章讲述"不好"学生的诊断和教育他们的意义、方法、思路以及误区。第三章到第五章，分别从学习问题、行为问题、心理问题三个方面对教育"不好"的学生进行分类讨论，给出问题表现的特征、成因以及解决办法。最后一章从教师素养的角度阐述如何成为一个教育"不好"学生的高手。

我们想告诉广大教师和家长的是，"不好"的学生并非天生不好。他们并不是无药可医，而是教师和家长没有对症下药。我们的教育者如果能对他们多一点理解和宽容，多一点爱和尊重，多运用正确的教育方法，那么这些所谓不好的学生，也一定能转化为好学生。

第一章 "不好"的学生
有多"不好"

    怎样的学生算是"好"学生？"好"又是指哪些方面？指学业成绩，还是指品德行为，抑或健康的生理、心理？

    在我们看来，"好"的标准应该是多方面的，它可以是道德品质方面的，比如建立了正确的道德观念，养成了良好的行为习惯；也可以是知识技能方面的，比如学习潜能得到了充分发挥，达到了应该和可能达到的目标等，而尤以道德品质方面为甚！当然也可以是心理方面的。同时，"好"的标准也应该是相对的，如苏联著名教育家苏霍姆林斯基所说，"对一个学生来说，五分是成就的标志，而对另一个学生来说，三分就是了不起的成就"。从这个意义上来说，其实不存在"好"学生与"不好"的学生之分，或者换个说法，只要教育者充分认识到学生之间存在的差异，那么所谓不好的学生，也可以变成好学生。

第一节 "不好"学生的界定

在传统观念中，什么样的学生是"不好"的学生呢？他们与"好"学生的区别又在哪里呢？

一般来说，"不好"的学生就是家长和老师眼中的问题学生，即那些与同年龄段学生相比，由于受到家庭、社会、学校等方面的不良因素的影响及自身存在的有待改进的因素，从而导致在认识、心理、行为、学习等方面偏离常态，需要在他人帮助下才能解决问题的学生。他们的问题首要表现在品德方面，主要表现在学习、行为、心理方面。

一、单方面的表现

单从某一方面说，这些学生有以下特点：

1. 学习问题

这类学生学习基础差，在学习上困难重重，已失去了学习信心，在他们身上往往表现出非常严重的厌学行为，如迟到、早退、旷课、抄袭作业、考试舞弊或逃避考试等等。

2. 品德问题

这类学生思想品德差，抽烟、早恋、拉帮结派、打架斗殴、偷盗、

敲诈等等，是他们经常性的行为。

3．心理问题

这类学生心理存在这样或那样的问题，他们有的属于心理烦恼，有的属于心理障碍，有的属于心理疾病。这类问题学生处理不好后果非常严重，可能导致自杀行为。

4．身体问题

这类学生身体状况欠佳，有各种各样的身体问题，甚至身体残疾，往往也伴随有相关的心理问题，比如自卑、胆怯、敏感、不合群等。

5．综合问题

是指一身集聚多类问题的学生。

问题学生所存在的问题往往不是单一的，而是综合的，学习问题生往往导致品德问题和心理问题；品德问题生往往导致学习问题或心理问题；心理问题生也会导致学习问题或品德问题；身体问题生也会导致学习问题或品德问题。

二、综合方面的表现

从综合角度说，这类学生表现"不好"在以下一些方面：

1．从德智体全面发展角度看

有的学生思想端正、品德优良，但学习成绩却长期处于班级和年级的尾部；有的学生学习成绩不错，但屡犯校纪校规，惹是生非，经常是"大错不犯，小错不断"，品德方面有问题；有的学生则思想品德和学习成绩皆不错，但身体却奇差，稍有不慎，便要上医院接受治疗；还有的学生身体挺棒，品德和学习成绩都很差，所谓"双差生"，当然这样的学生是极少数。

2. 从智力角度看

有的学生的确不聪明，反应的确较一般学生要迟钝，再加上基础不好，学习方法不对，所以尽管他要学，但积重难返，成绩一直在低位滞留，这种情况，以女生为多；有的学生智力并不差，只是因为学习态度一直不够端正，贪玩，不肯下苦功，因此成绩也一直上不来，此情况以男生为多。

3. 从心理行为看

（1）恨。恨自己"笨"，"不成器"，"不成钢"。这种心理主要是那些学习态度尚端正，但学习成绩总是无大起色的学生。他们不是没有拼搏过、奋斗过，却一次一次尝到失败的"苦果"，于是他们动摇了，退却了，丧失了自信。

（2）混。这种学生虽是"差生"，往往因家庭境况较好，而无紧迫感，热衷于穿名牌，交朋友，追明星，玩电脑，看到别人学习艰苦认为是不值得，且寻得"欢乐"、"开心"就行，做一天"和尚"撞一天钟，混到个毕业文凭就行。

（3）悔。这部分问题生，他们对以往由于自身的所作所为而造成的某方面"差"的状况后悔，为目前差人甚远而担忧，为找不到正确的方向而彷徨，为没有正确的"向导"而发愁。这部分人在"差生"中绝不占少数。

（4）灰。自暴自弃。这也是"差生"中一种较普遍的心理。他们认为，自己在思想品德或学习方面的"差"，甚或"双差"，如今已是望尘莫及。长期以来，老师已经形成了"某某是差生"的概念，自己即使想努力，也未见有什么用。特别是那些"双差"生，以往也可能跟老师发生过争执，给老师留下过不好的印象，他们看自己前途，一片黑暗，于是也就缺乏前进的动力，缺乏前进的目标，而采取自暴自弃，

"横竖横，拆牛棚"的态度了。

（5）毁。这种心理的"差生"是极少数。他们往往是因为经常受到老师的批评而恼怒或受到误解而形成一种扭曲的心理，于是就产生一种想毁掉自己或毁掉别人的念头，这种人人数甚少，但危害极大。若不注意防范，妥善处理，往往容易酿成苦果，造成极大的损失。

三、其他方面的表现

"不好"学生在学习和生活中相较那些老师眼中的好学生，也有一些与众不同的地方。具体表现为：

1. 行为习惯差，自我控制能力不佳。表现为校内不能遵守基本的行为规范，经常违反课堂纪律，对自己的自我约束和控制能力低下。学习态度不够端正，听课习惯和效果不佳，作业书写不规范，质量较低。学习成绩往往不理想。长期的学习不理想往往会受到师长和同学的歧视，使处在"阴冷"环境和氛围中的他们出现自卑心理障碍。

2. 自制力差，离校后不能得到家长的配合和有效的监督，绝大多数学生家庭教育缺失，离异、单亲父母多。

3. 是非善恶观念不健全，校内外交友不善，法制观念淡薄，容易沾染不良习气，一旦引导不当和措施不力，极易引发突发事件。

4. 心理不健全，为人偏执，遇事不能冷静思考，好冲动，会产生极强的逆反性心理障碍。

5. 有较强的虚荣心，有要求得到别人尊重的强烈愿望，但是却不懂得如何尊重别人，个性强，不能正确估计自己的长处，认识自己的不足。

6. 打架斗殴。不会处事，虚荣心极强，容不得一点委屈，好打架，往往因为一点小摩擦就和老师同学发生冲突，并且反复纠缠，最后酿成群架。

7. 有网瘾，沉溺网吧。这类学生一般有较大的网瘾，或者是被网络游戏所迷恋，或者是被网友所羁绊，无论学校管理得多严，总能够找到机会，混出学校、进入网吧。

8. 早恋，并且关系相当密切。从经常在一起聊天、一起吃饭，到亲密接触，甚至同居。平时下课总会寻找机会在一起，对老师和同学并不避讳。

9. 对家长和老师的教育持逆反心理，一律拒绝，不予接受。

10. 勒索、索要同学的钱物。这类学生其消费都很高，家庭的资助往往满足不了要求，于是就把目光瞄准学校的学生。因此，经常会发生对同学勒索、索要钱财的问题，已经游走在犯罪的边缘。

11. 结帮成伙，以小群体为活动平台，在学校招摇过市、炫耀实力，甚至会有校外的成员参与其中，维护小圈子利益，成为校园的邪恶力量。

第二节 "不好"学生的类型

"不好"的学生之所以在老师眼里不那么顺眼，究其原因是有一些共性在里头。主要有以下几类：

一、学业不良型

影响学习的因素指学习的激励因素和抑制因素，比如动机、记忆、智力、习惯等等。任何一种因素既可能产生激励学习的作用，也可能产生抑制学习的作用。制约学习成败的个体因素有学习的动机、记忆与遗忘的能力、认知方式、学习策略，以及学习动力、学习态度等。因此，不同的学生的成绩不尽相同，会出现学习上的"好"学生和"不好"的学生，即学业不良的学生。之所以造成学习成绩不那么理想，也有以下几类因素。

1. 学习动机不明确

中学生，几乎都想考上大学，可是为什么要考大学，也就是学习的动机，则往往很不相同。学习动机不同，引起了学习态度上的明显差别。把考大学当成学习最终目的的同学，在学习过程中往往表现出明显的选择性。只要认为与考大学有关的，就好好学，与考大学无关的，就不认真学，甚至放弃不学。例如，在高中文科班开设生物、化学等课程，这是作为新型的文科人才所必学的基础知识，但相当一批同学却反对开设这几科。理由是高考时，文科生不考这些科目，他们认为学习这些科目是浪费时间，至于这些课程与将来成才之间的关系，他们根本不予考虑，成为学习上的"近视眼"，而这恰恰是由他们的学习动机所决定的。

那些志向远大的同学则不然，只要与成才有关的知识和本领，他们都认真学习，表现出强烈的求知欲望。因此在学习时劲头足、意志坚、标准高，从而取得良好的学习效果。

还有一些同学，在学习时总感到提不起劲，缺乏学习的积极性，这也涉及学习的动机，也就是说，他们没有解决好为什么要学习的问题。

2. 学习意志不够强

学习意志主要表现在努力克服困难，积极调节自己的行动，使自己的行动不偏离学习的目的。

有相当多的同学，很想提高学习成绩，但在实际的学习生活中，却缺乏坚持、自觉、顽强、自制的优良意志品质，以致使自己的学习目标一个一个地变成了泡影。在一次调查中发现，某校有 2/5 的高一学生承认自己学习成绩提不高的原因是意志品质太差，遇到困难就退却，碰到干扰就妥协，使学习上很多好的想法坚持不下去。在另一份调查中我们还看到，学习意志和学习成绩之间的关系相当密切，学习成绩好的同学，往往具有好的意志品质。随着年级的升高，学习难度的加大，学习中意志品质与学习成绩之间的相关性也就更加显著。

3. 勤奋程度不够

勤奋程度是指学习过程中肯付出劳动的多少，它直接影响学习的效果。鲁迅先生说："哪里有天才，我是把别人喝咖啡的功夫都用在工作上的。"

要想获得学习成功，必须付出艰苦的劳动，不少同学十分羡慕别人的优异成绩，却往往看不到人家取得成绩之前付出的辛勤劳动。自己不愿意付出辛勤的劳动，妄想学习成绩突然有一天能提高，这是很不切实际的。要知道，一分耕耘一分收获，不付出努力和汗水，学习成绩是无法提高的。

4. 学习情绪掌控不好

情绪是"人对客观事物是否符合自己需要的态度的体验"。当现实与自己的需要一致时，就会引起积极的情绪；当现实与自己的需要不一致时，就会引起消极的情绪，表现为悲伤、生气。

不少中学生从小受到父母的关心照料，自己提出的需要很容易从父母那里得到满足，可以说是顺利惯了。上了中学以后，一方面由于学习难度加大，不能再依赖父母的帮助，基本上要靠自己努力了。因而在学习过程中难免不断地碰钉子，学习自然不那么顺利了。另一方面在中学集体生活中，对中学生的要求更高了。例如，要服从集体生活的原则，这样很难使每个同学都那么"顺心"。所有这一切，常常使一些中学生感到学校的生活不称心，而在学校又不便发作，只得处于闷闷不乐的消极情绪中，一回到家里便常常发脾气。长此下去，学习就会受到很大影响。

5. 专注水平不高

深入了解一下就会发现，有不少学生虽然表面上坐在那里学习，而实际上却人在心不在，他们并没有全神贯注于学习活动之中。如果在学习时不能聚精会神，总是三心二意，那么有效学习时间就会很少，也就是说在浪费时间，学习成绩自然提高不了。

6 学习兴趣不大

学习兴趣表现为积极愉快的学习倾向，对感兴趣的学科会自觉地愉快地去钻研，结果感兴趣的学科学得很好。正如爱因斯坦所说的："兴趣和爱好是最好的老师。"

有的同学有的学科学不好的原因恰恰是缺乏兴趣，一学习就感到厌倦。还有的学生是以牺牲别的学科为代价来发展自己特别感兴趣的学科，这就是常说的偏科。这些都是不良的倾向。

除以上提到的因素，影响学习效果的因素还有很多，例如，学习基础、身体条件、老师和家长对学生的影响、社会环境的影响、学习方法等等。一个学生的学习效果正是上述诸因素综合作用的结果。

学习受到挫折，一定是有些因素出了问题，应当认真检查和分析原因，采取针对性的措施，加以改进、克服或调整，这是不断提高学习成绩的好方法。

有相当多的学生，学习已经相当勤奋了，但在学习受到挫折后，仍把原因简单地归结为不用功或用功不够。然后，又进一步"加班加点"，由于没有对症下药，结果学习状况不仅没有得到改善，反而搞垮了身体。如果自己实在找不到影响学习的主要因素，不妨找找老师、家长和同学，请他们帮助分析，"当局者迷，旁观者清"这方面老师具有丰富的经验。

且看下面案例中的班主任是如何帮助这样一位学习不好的学生找出原因的。

我班级中一个叫小陈的同学令人印象最深刻，因为小陈在一年级时就学习跟不上，一下课就去和同学玩，而且在智力上与其他同学也存在着客观差异，心理发育相对缓慢，一到家里便会把学校的作业忘记，所以一年级时的成绩也只能勉强及格，造成这种问题的主要原因是家长在家也忙于工作而疏于管理、照顾孩子，而且确实由于文化有限，也帮不了孩子的功课，久而久之，小陈的成绩越来越差。二年级升级时，他父母提出要他留级再读一年级，我只能尽力帮他让他发挥出最大的能量。

首先平时上完课，每天派优秀同学帮助他，纠正他的错误，放学前必须把每天的生字读准，如果读不完成的，就花时间再教他，有时可能放学比较晚，但他的父母也非常谅解。在这过程中，自己时刻保证对他的威严，树立威信，有时也要对他出现的不良行为予以适度的惩罚。采取这些做法的目的只有一个：就是想帮助他，完善他，提高他，努力想使他成为一个优秀的人。同时不乏在特定的机会下表扬他，只要有一点的进步，或者有时劳动非常卖力，发现了一切好的现象以后，多鼓励表扬。

慢慢地，他的学习积极性也高起来了，在课堂的生字几乎每次都可以读对，然后与他家长也沟通好情况，让家长在家里也尽可能看好孩子。他爸爸还是比较严厉的，所以他后来在家里也逐渐的听话起来，要求读的文章或背诵部分，甚至比相对好的同学还要快，考试中，成绩也有所进步。我对他的要求就是基础部分一定要会，阅读部分多读几遍，但由于智力问题，阅读部分经常答得牛头不对马嘴，但我知道他也发挥出他的最大能量了，也比较认可他的表现。

总之，我想教育一个学习有困难的学生，一定要关心他，耐心地教育他，因人而异，最后在期末的考试中，小陈取得了比较不错的成绩，在基础部分基本都正确，就错在了阅读理解部分，对他来说已经是非常明显的进步了，最后还给他一个奖状，他也非常的高兴。

作为教育工作者，作为班主任应以赏识的眼光和心态看待每一个学习不良的学生，使他们找到好孩子的感觉。也正由于有了老师对他的信任、尊重、理解、激励、宽容和提醒，才使他找回了自信。父母是孩子的第一任老师，家庭是孩子避风的港湾，哪个孩子不希望自己有一个和谐、温馨、稳定的家庭，但这很简单的愿望在某些父母那里却是难以给予的，对孩子来说更是一种奢望。所以，面对父母关系不稳定或离异家庭的孩子，老师应该对他们付出更多的爱心。

二、行为不端型

在人生的各阶段中，青少年时期是个"多事之秋"，心理学家把这一时期称之为"危险期"、"危机期"、"矛盾期"。在此阶段的孩子最容易出现行为问题。学生不良行为主要表现在以下方面：

1. 认识障碍

认识障碍多表现为无知。儿童有着强烈的好奇心，对收音机能播放出声音，时钟能转动报时觉得很奇妙，甚至会拆开来"看看"它是如何工作的。随着年龄的增长，其好奇心也有所变化，表现为更高层次的冒险，探究未知的，体验被禁止的，如早恋、抽烟等，逐渐形成不良行为习惯。

2. 情感障碍

如果家庭和学校对孩子的要求过分过高，而他又没能在家庭和学校里学习到对付挫折和困难的办法，就易情绪失调，出现一些行为问题，如在课堂中故意破坏纪律、打扰其他同学、顶撞老师，等等。

3. 行为障碍

以多动症为代表。这类孩子表现为总在不停地活动，不停地讲话，注意力不集中，情感不稳定。

一般地，教师和家长对待儿童的不良行为大多是批评，甚至是体罚。实际上，如果试着用别的更温和的策略，就既能让孩子改掉那些不良行为，又能保证他们心理健康。

没有不好的学生，只有不好的教育

有名男生叫王亮。在开学的第二天就因为老师让其回去取校服而一去不返，并且在这以后多次逃课。老师经过了解得知，每次王亮逃课都是去网吧上网。起先，他只是听说上网打游戏很有意思，便去尝试，结果迷上打游戏，不能自拔。

有一天，他的父母给老师打电话给他请假，说王亮无论怎么劝说都不来上学，无奈之下只好请假。

针对这一情况，老师决定去他家进行家访。他的父母都在家，他的父亲向老师介绍了事情的经过。就是因为上周末王亮到网吧上网，平时不怎么管他的父亲狠打了他一顿，原本跟父母关系不好的他，更加气愤，耍起了性子，不来上学。听到此处，老师觉得事情不会那么简单，肯定有其他方面的原因。经了解得知，他父母之间的关系不好，平时他的父亲根本就不管他，时间久了也就使王亮养成了比较孤僻的性格，为了打发时间，迷恋上了网吧。

面对这种情况，王亮的老师首先做他父母的思想工作。他们也决定以后不管怎样，再也不忽视孩子的感受，尽可能的不让大人之间的矛盾给孩子造成伤害。在了解大致情况后，老师认真地进行了分析，当前最主要的是能让他来上学，其后再进行深刻的教育。于是，老师要求要单独与孩子谈谈。老师走到门前，门开着，他知道老师来，背对着门口坐着，低着头，看似在生气的样子。老师轻轻地敲了下门。

"王亮，我可以进来吗？"

"进来吧，老师，您坐这！"

老师在进屋前一直在思索，该跟孩子说些什么？瞬间，老师的心里形成了几套方案，但很快就将其他方案排除。王亮平时不爱说话，显得很孤僻，无论与老师还是同学说话从来不给别人回旋的余地，很直接。于是，老师采取了一个危险的方法，直接发问："王亮，你还想上学吗？还是想马上涉足于社

第一章 「不好」的学生有多「不好」

会？老师今天来找你只想问你这一个问题，你的回答要干脆，不要婆婆妈妈的，在回答问题前你要考虑清楚。"

王亮沉思了一会儿，抬起了头，用一种平时在他那很少见的、一种带有诧异的表情说："老师，我还想上学，但就是没有信心了，哪科都学不好。"

"有没有信心得看自己日后的行动，信心是培养出来的，遇到一点挫折就丧失信心，这不是一个男子汉的做法。如果你真的还想上学，现在马上穿好衣服，收拾书包，跟我回学校。"

老师说完后，王亮开始收拾书包，回到了学校。之后，老师又找来王亮，跟他进行了更为深刻的交谈，让他明白沉迷游戏，玩物丧志的危害，帮助他面对现实，确定自己目前的奋斗目标。同时还给他推荐了一些健康、有益的课外活动。最后，王亮问了老师一个问题："老师，您知道我为什么会和你回学校吗？就是因为我根本没想到你会那么直接地让我选择，还以为老师得给我讲道理或批评我劝我回学校呢。"老师没说什么，只是冲他相视一笑。

现在的王亮成绩有了很大的进步，平日里在和同学的交往中也多了几分欢笑。

在上述案例中，对待"不好"学生的行为不端，班主任老师并没有盲目地下结论，进而把孩子"一棍子打死"，而是事先摸清情况，多方面查找原因，因此才能够"一击即中"。在头一次和问题生谈话的时候，就直接击中"要害"，令其大吃一惊，当然也收到了良好的教育效果。可见，对待"不好"学生的行为问题，一定要掌握方式方法，充分运用教育智慧去转变学生。教育技巧的全部奥秘也就在于如何用心去呵护每一位学生，"这是一股强大的力量，能在人身上树立起一切美好的东西"。

三、品德问题型

品德问题生（品德有问题的学生）的心理是极其复杂的，在处理他们的问题时，往往由于把他们的心理矛盾看得过于简单，而造成了教育的失败。实际上，品德心理问题也有以下几类：

1. 困窘的学生，即低级需要（生理需要和安全需要）得不到满足的学生。

他们由于家庭贫穷，经常被学费和饥饿等问题困扰，无法安心学习。他们为吃饭，为钱，可能做出一些越轨的事情，如盗窃、诈骗等等，因为他们需要生存。而学校没有也不可能教给他们独立自主的生活的能力，他们的世界观、人生观及个人的自尊心等都还没有健全，所以面临着道德缺失的危险。

2. 胆怯的学生，即安全需要得不到满足的学生。

有些学生由于受到社会上的"小混混"或学校中其他学生的威胁，也不能很好地自我保护，常常感到不安、恐惧，处于紧张状态，情绪不好，行为反常。如果教师和家长不能及时地帮助他们解除威胁，他们可能由于胆怯而妥协，顺从别人的意志，做出违心的事情，沦为品德问题生。

3. 孤独的学生，即爱的需要得不到满足的学生。

孤独的学生，爱的需要得不到满足，没有自我归属感，没有人去爱他，他也不懂得去爱别人，他们常常以过激的行为来吸引别人的注意，补偿爱的缺失。对父母、教师，也许能做到表面上的顺从，但是缺乏内心的交流；对教师的关怀与教导，他们是期待与拒绝的矛盾心理；在同学中缺少友谊；对自己周围的一切感到冷漠甚至采取敌对的态度。

没有不好的学生，只有不好的教育

4. 失望的学生，即尊重的需要得不到满足的学生。

失望的学生在学校中没有什么表现，在同学心目中没有什么地位，自己认为处于"失败者"行列。他们因为得不到老师的赏识而自卑，丧失了信心，他们也是需要尊重的学生。长期处于这种状态会导致对学业上的失败漠然处置，得过且过；对品德行为的过失也处之泰然，养成不良品质。

5. 玩世不恭的学生，即自我实现的需要得不到满足的学生。

自我实现的需要就是指使人的潜在能力得以实现的趋势，这种趋势可以说成是希望自己越来越成为自己所期望的人物，完成与自己能力相称的一切事情，它是在生理需要、安全需要、爱的需要和尊重的需要得到满足的基础上产生的。自我实现的需要得不到满足的学生一般是成绩好，有一定的工作能力，在学生中有号召力的学生。由于他们在学校、班级里没有发挥应有的作用成为他们所期望的人物，因而他们感到"怀才不遇"，对集体没有感情，对集体事物采取游戏的态度，显出玩世不恭的样子。

第三节　"不好"学生的教育诊断

"不好"的学生并非天生就"不好"，他们之所以有这样那样的问题与社会环境、家庭影响、学校教育等诸因素有密切的关系。

一、家庭因素

家庭教育不当是问题儿童（学生）出现的根本原因。不当的教育催生了问题儿童（学生）的诞生。问题学生的出现，正是从他最先接触到的家庭教育开始的。问题儿童得不到及时的矫正，就会演变成问题学生。

苏联教育家苏霍姆林斯基说："家庭教育是基础教育，是学校教育和社会教育永远代替不了的。家庭教育水平受家长的思想意识、家庭人际关系、文化素质以及教育水平等多种因素的制约。孩子一出生就无可抗拒地要接受家庭教育多种因素的渗透和影响，并逐渐形成自己特有的精神世界。从某种意义上说，家庭教育比学校教育更能塑造孩子的个性、人格，影响他们的文化品位和价值观念。"

他还说："教育的效果取决于学校和家庭影响的一致性。如果没有这种一致性，那么学校的教学和教育的过程就会像纸做的房子一样倒塌下来。"

家庭教育的根本是父母教育，父母教育的根本是道德教育。《北京日报》曾刊登过一篇题为《德育研究显示：问题学生背后往往是问题家庭》的文章，行为不良学生背后往往是问题家庭和问题家长。文章总结了几类常见的问题家长：①管理上的简单粗暴型，对孩子非打即骂；②教育素质不高型，有的家长学历不低，但教育方式过于平淡，有的还易走极端；③放纵型，对孩子基本不管；④溺爱型，凡事都护着孩子，对自己的孩子评价过高；⑤有的家长自身道德修养差、文化素质低；⑥身肩隔代抚养重任的许多老人只能让孙儿吃饱穿暖，却无力顾及教育问题；⑦父母离异等造成的问题家庭也对许多孩子有负面影响。

父母是子女最初的启蒙老师，父母的言谈举止对子女的影响是最直接、最频繁的。一般来说，问题学生的家长是教不得法。有的家长过分溺爱自己的子女，捧他们为掌上明珠，把他们当作"小皇帝"、"小公主"，娇生惯养，包庇纵容，放任不管；有的家长粗暴无知，对子女抱有"恨铁不成钢"的心态，动不动就施加打骂，家庭缺乏温暖，或家庭成员之间要求不一致，使子女无所适从；有的家长本身道德败坏，自私自利，甚至纵容子女贪图享受安乐，给子女灌输一些"学习无用"的思想等。这就使本来好学的孩子失去了学习的兴趣。

当然，也有一些特殊的家庭原因。

1. "单亲家庭"

单亲家庭极易造成家庭教育的残缺。由于家庭自然结构的破坏，形成的单亲家庭或离异家庭，孩子成为父母双方的累赘，在经济问题或教育问题上相互推诿。

2. "过失家庭"

指的是家长或家庭成员道德品质恶劣，或生活作风问题，或因犯罪而被判刑的家庭。而这些家庭中由于一方的服刑，也多带来了另一方的离异或离家出走。孩子被迫交于祖父母或成了孤儿。这种学生往往成为"问题学生"，表现为沉默寡言，敌视社会，是非观混乱。

3．"留守"家庭

是指因父母外出务工、经商或学习，而将孩子寄留家乡，由亲戚托管、监护、教育的孩子。留守孩子没有家长良好的引导，也可能成为问题学生。这些学生的性格表现任性、恃强、自我为中心、自私等特点，或有孤独、封闭、畏惧的性格弱点。加之代养人文化程度普遍偏低，造成了"留守孩子"普遍存在学习困难、行为纪律散漫、品德不良等问题。

4．贫困家庭

在当前广大的农村，有相当部分的农民还达不到温饱。这些家庭的孩子在班级里，畏畏缩缩，在别人面前觉得矮人一截。他们的性情一般都比较孤僻。除了家庭、学习条件比较差以外，他们沉重的心理压力也是影响他们学习的一个重要原因。

5．教育不当的家庭

家庭父母双方，在各自的工作岗位上勤恳踏实，且有一番成绩，也看重孩子的成长。但长期以来，一些父母总是把孩子摆在不平等的位置，总是按大人的理想去设计孩子，强求孩子，只有灌输，很少交流。有的为了要求孩子出类拔萃，不能宽容一次作业忘了做，不能容忍一场考试不及格。由于教育方法和手段违背了孩子天性，"问题"也就难免，尤为甚者还造成了少数孩子的心理障碍，特别是农村家庭的孩子。

二、社会因素

当今社会，商潮如涌。读书无用论、金钱万能论，又成为时尚的口号。如此汹涌澎湃的经济大潮，对我们的下一代，也造成了极大的冲击，许多学生在他们的家长的影响下，面对外面的花花世界也心猿意马。他们在学校里，只是应付而已，平时上课，得过且过，不求上进，满脑子的金钱欲望。这种同学的学习成绩一般也较差。

随着我国改革开放的发展，社会上的各种不正之风，资产阶级腐朽思想的侵蚀，一些不健康文艺作品的毒害，也随之而来。如各种电子游戏厅的开放，各种文化垃圾的存在，毒害着人们特别是青少年的心灵。再加上人与人之间不正常的交往关系等，都对学生的心灵产生着消极影响，埋下了不爱学习的祸根。

三、教育因素

"教师是人类灵魂的工程师"。他们肩负着培养祖国四化建设人才的重任。遗憾的是，我们的个别教师，缺乏应有的爱岗敬业的精神，在平时的教学中，并没有尽到他们的责任，因此也导致了个别学生不愿学习、学习成绩下降。有的是没有注意方式方法，对学生不是满腔热情，而是讽刺挖苦，甚至施以体罚。这样做的结果，很容易激起学生的不满情绪，造成学生的逆反心理。

首先，教育为了升学，因此就要进行不断的分类、淘汰，致使一些学生丧失了信心；其次，由于每个学生接受知识的情况不同，致使那些需要时间长的学生，不能达到教学目标要求，时间久之便沦为差生；再加上，有的教师对学生期望过高，对学生估价往往脱离学生真实情况，致使教育方法不当，或有的教师言行不一，方法简单，工作敷衍塞责，对学生态度冷淡无情，或过分讨好学生，不敢严格要求，或对学生亲疏有别，不能一视同仁，过分偏爱德、智、体全面发展的学生，而忽视其他学生的情感等。正是教师这种不按教育规律办事，违背教育原则，不懂教育艺术，缺乏正确的教育方法，甚至造成师生对立的做法，导致了部分差生的产生。

四、学生自身的因素

有些孩子在学前阶段（在幼儿园、在家里、在学前班）没有培养

起良好的行为习惯，包括按家长、老师要求做事的习惯，导致入学后在学习、生活等方面也不能保持良好的行为习惯。

人的各种习惯是互相关联的，好习惯如此，不良习惯亦如此。一个孩子，如果玩具乱扔，文具乱放，不按时起居，不正经吃饭，想干什么干什么，不想干家长让干也不干，生活没有规律，肯定不会有很好的纪律性。

学生自身没有端正好学习态度，没有培养起吃苦的精神，不知道"瓜儿为什么苦后方甜"，不了解"世上无难事、只怕有心人"的真正用意，不懂得"梅花香自苦寒来"、"一分耕耘一分收获"。再加上，学生思想上理解的偏差和误区，对学校的教育和家长的循循善诱产生逆反心理，甚至对立情绪，不愿接受教师和家长的正面引导，没有形成良好的心理品质和习惯，而沉醉于低级趣味的东西，甚至接受完全错误的东西，知错不改，胡作非为，破罐子破摔，自甘堕落，就会成为名副其实的差生。

综上所述，造成"不好"的学生产生的原因，有家庭因素、社会因素，也有教育因素和自身的因素。作为一名教师，对待"不好"的学生，就要首先找出原因，然后对症下药，这样才能有的放矢，事半功倍。

第一章 『不好』的学生有多『不好』

第二章 教育"不好"学生的
意义、思路、方法、误区

在一个群体中，成员能力和水平的发展是不会平衡的，在思想品德、行为习惯以及学业成绩等方面，必然存在优劣和高低之分。所以说"不好"的学生有存在的必然性、客观性和普遍性。因此教育工作者应明白教育"不好"的学生意义，认真分析"不好"学生的心理成因，并以相应的思路及方法对其进行矫治，帮助、关心、爱护他们，并防止陷入误区。实施人性化教育，激发这些学生的潜能，使他们克服消极情绪，确定正确的自我位置，解决自身存在的问题。如此不但有助于提高教学质量，还能使学生的整体素质得以全面提高。

第二章 教育「不好」学生的意义、思路、方法、误区

第一节　教育"不好"学生的意义

　　在我们国家，现如今的教育体系，评价教师成绩的标准，往往是这名教师教育出了多少优秀学生，而不是挽救了多少"不好"的学生。很多"不好"学生的问题是经过了多年的积累形成的，你费了九牛二虎之力充其量只能使他的成绩到达班级的中游。在种种利益和竞争压力驱使下，一种趋易避难的现象便在教师群体中蔓延开了：教师越来越向基础较好、比较容易教的学生靠拢，而越来越疏远那些难教的"不好"的学生。

　　于是，面对普通学校的常规教育手段无法教育的"不好"的学生，一种两难的问题便摆在教师和学校面前了：让这样的问题学生继续留在学校吧，他会危害教师和其他同学的教学活动，并且，他很可能被挤在角落里，充当一个透明人的角色，问题越积累越多；如果开除了这个"不好"的学生，则是把他过早地推向了社会，更加速了他的堕落，一旦与其他辍学者结成青少年犯罪团伙，则会危害公众的安全，危害性更大。可以说，这种两难的处境，是造成现有教育模式救助问题学生乏力的最大症结。

　　由此，我们可以看出教育"不好"的学生具有巨大的现实和长远意义。问题学生转化的意义不仅体现在促进学生的身心发展上面，而且体现在化解教师危机，营造良好的学校学习环境与心理环境，促进教师

专业化发展，整合多方教育力量等方面。

一、有助于促进"不好"学生的身心健康、全面发展

问题学生教育作为一种负责任的教育行为，意在纠偏补弊，使问题学生回归身心健康、全面发展的正常轨道。因此，问题学生教育的过程，事实上就是一个为问题学生的健康、全面发展提供全面教育与综合服务的过程。这个过程理应爱心与理性同在，家庭教育、学校教育、社会教育同在，一切孩子的发展与孩子的一切发展同在。

问题学生教育的顺利开展要求广大教师必须将温暖的关心倾注到那些暂时偏离正常发展轨道的学生个体身上。没有对学生个体家庭成长环境、身体健康状况、同伴关系以及兴趣、爱好、需要、动机、性格、气质、能力等内在心理要素的细腻观察和深刻体味，没有因材施教的眼光和方法，就不可能做好这一工作。

转化一个孩子，就使这个孩子的眼前多一分光明的未来，心底多一分走向成功，实现健康成长的自信与快乐。在这个意义上，"不好"学生教育的意义不仅见于当下，而且指向其终身发展。

二、有助于化解教师危机

教师危机的根源是多方面的，但"不好"学生的不断产生与普遍存在无疑是重要根源之一。

客观地看，"不好"学生可能因学业不良影响教师的教学业绩，可能因行为问题诱发师生矛盾、班级人际冲突，也可能因为心理问题导致消极事件的发生。他们就好比木桶的短板，很容易让教师在教学与管理上的努力付之东流。这显然会直接影响到社会对教师的评价、学校对教师工作业绩的认可，也会影响教师在班集体中、同事群体中的威信，严重时更能影响教师的自我效能感、每日工作的情绪状态。因此很多班主任、任课教师都怕"不好"学生出现，一旦出现，不乏个别教师要对其采取消极态度、不当教育行为。然而，教师的生命价值体现在教育对

没有不好的学生，只有不好的教育

象的健康、全面发展上。从这个意义上说，"不好"学生因其问题阻碍，延误了自身的健康、全面发展，这才是教师专业发展上的最大危机。在这一点上，务实地从事教育和转化工作，正是化解教师危机的良途。

三、有助于营造良好的学校学习环境和心理环境

从教育生态学的视角来看，班级作为一个生态系统，其内部各个因子之间、各因子与整体系统之间存在着千丝万缕的联系。"不好"的学生可能正是受了班级整体的学习环境与心理环境的不良影响或者与整体环境的关系失调，才得以产生。"不好"学生的存在，显然会在一定程度上对班级乃至学校学习环境和心理环境构成消极影响。因此，"不好"学生教育虽牵一发，需动全身。对"不好"学生的转化工作既需要从细处着手，作好"不好"学生自身的心理教育工作，又需要大处着眼，从整体上改善班级和学校的学习环境和心理环境。

有时，与"不好"学生面对面、硬碰硬的直接接触，反倒不如抓大环境，比如抓校风、班风建设，抓良好师生关系、同伴关系的建设，以暗示和熏陶的方式间接地促进"不好"学生的发展。

四、有助于促进班主任工作的专业化发展

对"不好"学生的教育显然是一项专业性很强的工作。从事这项工作，需要教师具备良好的专业情意，能够时刻为学生的发展奉献自己的教育和爱；需要教师具备扎实的学科教学知识和教育理论知识，尤其要具备相关的心理学、教育学、社会学知识，从而在认识论层面上能够高屋建瓴地审视问题，在方法论层面上能够游刃有余地处理问题；需要教师具有灵活应对、驾轻就熟的实践能力，能够在具体的教育情境中充分运用教育机智。

需要强调的是，"不好"学生转化的前提是对其进行全面而深入的研究，这就需要教师具备良好的教育科研素质，能够在研究中重新认识

"不好"学生，深层探寻成因，最终解决问题，促进发展。这是一个充满挑战和乐趣的反思性实践过程。

遗憾的是，当前一些教师非但不具备这些素质，反倒很轻易地给"不好"学生贴上这样或那样的标签，将问题产生的全部责任都推卸给学生本人、家长或社会，这都是由教师专业发展水平较低所致，也会阻碍教师工作朝专业化方向的发展。对此，"不好"学生的教育首先要靠问题教师自身的转化。

总之，师生之间永远是共同发展的，这是教育学的铁律。"不好"学生的教育过程也正是教师谋求自身专业发展水平不断提高的过程，"不好"学生转化工作的实践状态，为教师的自我实现提供积极的推动力。

五、有助于整合家庭、学校与社会各方面的教育力量

"不好"学生的产生与存在，使人们将教育研究与实践的视域变得更加开阔、辽远。我们认为，个体的身心发展状态是个体与环境相互作用的结果。面对"不好"的学生，需要关注的不是眼前这个孤立的个体，而是某个环境中的个体，进而关涉到个体背后的某种环境或某几种环境的关联。大到政治、经济、文化背景，中到个体的家庭状况、生存条件、个体周围的社会风气、群体舆论，小到个体的内在心理及言行表现等等，都应在关注之内。家庭、学校是学生主要的生活环境，而随着时代的开放，网络的普及，学生与社会大环境的接触也越来越多，只有这几方面的力量都充分整合，才能真正将"不好"的学生加以转化。

第二节　教育"不好"学生的思路

对"不好"学生的教育和改造任重道远，在明确改造"不好"学生的意义后，我们可以通过家庭小环境、学校老师的亲力亲为和学校大环境等方面来具体进行，因此我们需要一个切实可行的思路或计划。

一、通过家庭

家庭是一个孩子成长最大的影响地，家庭教育对"不好"学生的改造意义重大。"不好"学生的问题形成往往与家庭教育有关，有的与家庭变故有关，如父母对小孩溺爱会导致小孩自私、霸道、强占他人财物等问题；父母离异会导致小孩性格孤独、人格不健全等心理问题的产生等等。所以，我们一定要在"不好"学生的教育转化中充分利用家庭的力量，建立家校共教机制，比如说成立家长委员会、召开家长会、与家长进行个别沟通等等方式，让家庭、家长在"不好"学生的教育转化中发挥应有的重要作用。

对家庭来说，转化改造"不好"学生的思路大概有以下几点。

1. 尊重学生，建立感情基础，是对"不好"学生进行教育转化的前提。

"不好"学生很多感情有缺失，他们渴望得到尊重、关爱、温暖，而他们所得到的却往往是冷漠、鄙视，甚至敌视的目光和行为表达方式，他们感觉不到亲人、老师和同学们对自己的关心，反而觉得他们离自己越来越远，从而自己也就越来越自暴自弃、破罐子破摔，导致恶性循环！所以，对"不好"学生进行教育转化的前提是尊重他们，并与他们建立感情基础。这也是许多优秀班主任教育"不好"学生的经验——"只有动之以情，晓之以理，才能获得预期的效果"。

2. 讲究沟通方法和艺术，是对"不好"学生进行教育转化的基础。

俗话说"话不投机半句多"，就是强调沟通方法与艺术的重要性，尤其是"不好"学生的教育转化工作，更要讲究沟通的方法与艺术。我们要求家长一定要注重批评的方式方法，比如说在对"不好"学生进行批评教育时，根据具体情况采用易位式（交换位置）批评、温情式批评、自责式批评、提问式批评和勉励式批评等批评的方法和艺术，才能取得比较好的效果。

3. 抓住闪光点，选准突破口，是"不好"学生教育转化的制胜法宝。

"不好"学生也并不是一无是处，如果我们总是看不到他们的长处和优点，那么对他们的教育和转化工作也就只能令他们烦恼，根本不可能取得好的效果。所以，家长应善于挖掘和发现"不好"学生的闪光点，并以此为突破口，使他们重回正常的学习、生活之路。

4. 导之以行、持之以恒，是对"不好"学生有效教育转化的必经之路。

对"不好"学生的教育转化，仅仅靠说教、沟通、关爱和激励等等是不够的，最终还是要落实到行动上。家长在转化"不好"学生的问题上应做到持之以恒。因为"不好"学生教育转化最大的难点就是"反复无常"，很多"不好"的学生当着家长的面承诺得很好，表现得很乖巧，但背着家长又是另外一套。还有的"不好"学生这段时间表现有好转，但过一段时间情况又开始恶化。所以，对他们的教育转化需要教育者付出大量的时间、精力和爱心，只有导之以行，持之以恒，才

能实现真正的有效转化。

二、通过学校

学生大部分的时间都呆在学校中，学校大环境对"不好"学生的教育管理承担着重大的责任，是改造"不好"学生的主力军和中坚力量。学校教育一旦搞得不好，其他方面再努力也是毫无用处的。而学校的教育可以分为两大部分，包括学校大环境的全面教育和具体老师的个别教育。

1. 学校大环境的教育思路

（1）新生进校后进行全面普查，摸清"不好"学生的基本情况。

如果不及时发现和管理这些"不好"的学生，学校的教育管理工作会陷于非常被动的局面，可能问题发生时会使学校措手不及。所以，在新生进校后的第一个月，教师就应对新生进行全面普查，通过各种信息渠道摸清学生的基本情况，做到心中有数，为学校的安全稳定奠定良好的基础。

（2）建立"不好"学生档案，全面掌握与"不好"学生相关的信息。

将"不好"学生的基本情况摸清后，应立刻建立"不好"学生档案，做到有据可查，这样会大大提高对"不好"学生教育管理的工作效率。

（3）齐抓共管，对"不好"学生实行分层和分类管理。

对"不好"学生的教育和管理不仅仅是班主任的事，班主任的力量是有限的，如果学校的全体行政人员共同参与，建立行政领导与"不好"学生"一对一"帮扶的工作机制，那么对"不好"学生的转化工作一定能起到良好的促进作用。

（4）抓好校风建设，创造良好的育人环境。

校风是一所学校整体精神风貌的呈现，是学校成员共同具有的稳定

的行为规范和精神风貌，是学校全体师生员工在教学、教研、学习、生活、管理和服务等一系列活动中逐步形成的思维方式、价值取向、是非标准、审美情趣等诸方面的综合凝聚，是一所学校特有的占主导地位的行为习惯和群体风尚，体现为一种独特的心理环境，具有稳定的导向性。

校风对"不好"学生的转化能起到潜移默化和教育熏陶作用，能达到滴水穿石的效果。所以抓好校风建设，创造良好的育人环境，对"不好"学生的教育转化至关重要。

（5）与学校周边的派出所、居委会建立综合治理机制，形成学校周边良好的育人环境，不让"不好"学生的问题进一步恶化。

（6）建立家校共教机制，让家长在"不好"学生的教育转化中发挥应有的作用。

2. 老师教育学生的思路

来看一些具体的教师教育"不好"的学生常见思路的例子。

错误思路举例：

（1）没有研究学生的愿望，只有"管"学生的冲动。

（2）不问"为什么"，只问"怎么办"。

（3）把任何问题都道德化，不承认学生的许多问题属于心理问题和能力问题。

（4）没有多种假设，只有简单归因。

（5）思维缺乏逻辑性。

（6）工作方法主观化、情绪化。

（7）只会责备别人，不想反思自我。

（8）迷信权力，迷信管理，迷信说教，迷信惩罚。

（9）惩罚不见效的时候，又转而迷信"爱"。

（10）学校管不好，不切实际地寄希望于家长。

正确思路举例：

（1）遇到问题，先稳住事态。

（2）不急于作是非判断和道德归因。

（3）不搞"态度挂帅"。

（4）先问"为什么"，而不是"怎么办"。

（5）了解情况时，行动观察法与心理测验法双管齐下。

（6）横向、纵向全面了解学生情况。

（7）确诊前，要提出多种假设，一定要使自己的初步结论合乎逻辑，经得起推敲和质疑，确诊时，要首先考虑问题在谁身上，以免某人得病，他人吃药，确诊后，一定要有具体的、因人而异的治疗措施。

（8）根据治疗效果的反馈来评估自己的诊疗并随时修正之。

（9）军事训练

通过一些适合孩子的军事训练科目，让其养成团结意识、关爱互助意识，学会严格要求、遵守纪律、锻炼体质、养成自律的好习惯。

（10）自理培养

通过内务管理，让孩子学会管理自己的生活，改变懒惰、依赖的坏习惯，养成自理的好习惯。

（11）生活体验

通过农业基地的一些劳动，感悟收获的来之不易，学会珍惜，学会感恩。在参加社会公益活动中学会爱心的付出，改变自私的坏习惯，养成自强的好习惯。

（12）心理疏导

通过心与心的互动和撞击，让孩子敞开心扉，明白事理，学会分析，做一个有理想、有目标，充满阳光、自信、朝气的新新少年。

（13）沟通互动

让孩子学会沟通，掌握沟通的技能方法，主动融入家庭氛围，加深感情，回归亲情。

（14）换位思考

提升孩子的分析能力和方法，能主动去为别人着想，理解、体谅、

宽容、关爱他人，养成好的思维习惯和方法。

（15）兴趣塑造

孩子的学习生活不应是单一文化知识的学习，还包括兴趣的塑造，也是营造孩子一个很好的学习心态和学习氛围的重要因素，它们相互依存而又相互推动，是文化学习的一个重要辅助手段。

（16）潜能拓展

通过潜能拓展中的一些游戏项目让孩子在游戏中感悟人生以及学习的道理，掌握一些解决问题的方法，激发孩子内在的学习意识和潜力，找回自信。

（17）文化补习

孩子是未来的栋梁和希望。未来需要知识，需要人才，当孩子的心态发生变化，必定言行要发生变化。由于以前所学的文化链已断，所掌握的文化基础极差，要让孩子充满阳光地回到学校，重新开始文化学习，这就要求我们把已断的文化链给接上，为他们进行文化补习，教会学习方法。一旦孩子重新回归学校，就有基础很好进入学习状态。

没有不好的学生，只有不好的教育

第三节　教育"不好"学生的方法

没有不好的学生，只有不好的教育。学生在学校接受的教育，主要来自老师。因此，"不好"学生能否教育好，关键在老师。在此，我们为广大老师提供十二个方法。

一、营造和谐融洽的氛围

教师要营造一个愉快、友善的集体氛围和环境，发动其他同学一起做好"不好"学生的转化工作，教育其他同学在思想上不要歧视他们，学习上帮助他们，生活上关爱他们，班级开展的各项活动照顾他们，使他们时刻感受到集体的温暖，走出孤独，从而不断改掉身上的缺点。

老师要尽可能地站在学生，特别是"不好"学生的立场上，感受他们的处境，体会他们的心情，理解他们的态度，分析他们如此表现的原因，预测他们在某些状态下的心理反应和行为方式，以人心换人心，告诫他们以后不能犯同样的错误，从而提供切实、有效的指导。这样处理既尊重了他们的人格，赢得了他们的信任，又能避免事态的恶化和师生之间的对立，达到教育的效果。

二、注意实事求是的评价

一切的批评教育必须建立在充分掌握事实的基础之上，使之不会让学生觉得是空穴来风，无中生有。教师对学生的评价要客观，从实际出发，一分为二。对缺点和错误，既不能夸大，也不缩小，既不能捕风捉影，也不能牵强附会，要恰如其分地指出来，不但要明确指出错在什么地方，还要帮助其找出改进的方法，使学生在教师指导下改正自己的错误。

三、注意善解人意的尊重

人都是有自尊心的。尽管老师的批评未必会有切肤之痛的深刻，但从尊重学生、爱护学生出发，学生最终会领悟老师的用意。当发现学生某种错误的言行和举动时，不宜在班会或公开的场合批评，否则会伤害他们的自尊，令他们感到难堪，以致自惭形秽，甚至导致学生从此一蹶不振，消沉下去。教师必须真心实意帮助学生改正错误，要让学生体会到爱心和关切，从而真正敞开心扉与教师进行交流。

四、投入情真意切的感情

学生最容易接受的是真情，最反感的是虚伪。感情真挚的批评才能打开学生心内的门窗，切忌故弄玄虚，冷嘲热讽，甚至恶语相伤。中国有句古话叫"良言一句三冬暖，恶语伤人六月寒"，更何况教师面对的还是脆弱、敏感易伤害的心灵。

五、讲究刚柔相济的方式

"恩威并重"的统一，"软硬兼施"的手法有时是教育学生的灵丹妙药。根据学生的生理和心理特征进行教育，往往以刚制柔，以柔克刚，注意刚柔相济。对女同学用刚，则有震撼力，对男同学用柔，则化解顽石。过度的严厉会造成恐惧、退缩，过分的温和会失威严。不要严酷得使人憎恶，也不要柔和得让人胆大妄为。含蓄的批评有时比那种"闪电雷鸣"式的训斥效果更好。

六、把握有的放矢的原则

教师对"不好"学生的批评有针对性，收效才会大。老师在台上不痛不痒地泛泛而谈，一般学生既摸不着头脑，犯错误的学生也无所畏惧，还是我行我素，放任自流。批评要针对具体的人和事，要带有明确的目的，点明改正的方向。批评学生要根据当时的具体环境和学生的个性特点、情绪状态及承受能力而定。不同情况的学生对批评的反应往往不一样，承受能力也不同，必须因人而异，对症下药。

七、注意留有余地的回旋

教师对"不好"学生批评教育应该有"后劲"，意在言后，让学生有琢磨，力求点到为止，给学生留下思考的余地，给学生一个自我批评、自我教育的机会。这样学生既易于接受，又对老师的宽容产生一种负疚感，从而不断鞭策自己，尽量少犯或不犯错误。最好能让学生在提高认识的情况下，自己做出合情合理的结论。学生的认识提高了，他们才能自觉地去做。如果对学生的错误唠唠叨叨，百般责备，学生就会产生一种逆反心理，结果事与愿违，大大削弱教育的效果。

八、坚持一视同仁的标准

"待人处事公正公平合理"被学生列入"我心中的理想教师"的重要标准。新时代赋予了学生更多对平等的追求与需要，这就要求把学生视为在人格、思想和感情上完全平等的个体，给学生平等的地位与机会。只要对每个学生都一视同仁，就可让学生从心底产生一种平等心理，进而对老师的批评教育心悦诚服。

九、擦亮张扬个性的眼光

魏书生说过："用学生身上的光，照亮学生的路是最节省的能源。"

我们要相信"每一学生都有其独特的魅力"。张扬其个性，亮出其闪光点，欣赏其独特性，尽可能加以赞扬褒奖，引导、激励他们去争取更大的进步，以满足他们追求自尊和自我实现的心理需要。发现了学生的长处，找到了学生的进步，学生就有了成功的体验和快感，往往也就找到了他们的转折点。正如卢梭所说："赞扬学生极微小的进步，要比嘲笑其显著的恶迹高明。"

十、常用低声细语的交谈

在日常的学习、生活中，我们教师时常会发现一些学生或这或那的过错。一些老师，尤其是新走上工作岗位的年轻教师往往会不问缘由地向"过错"学生大声呵斥、挖苦讽刺，甚至大发雷霆。他们认为，对"不好"学生进行简单粗暴式的大声训斥会产生教育效果，表明了教师对学生的严格要求。诚然，高声训斥能暂时制住学生的不良言行，"避一避风头"，但这样做往往产生不良后果，有时还会把学生推向老师的对立面。

高声训斥会使学生遭受突然刺激而高度紧张，听不进老师对他们进行的教育，甚至会引起反感，"一只耳朵进一只耳朵出"。在这种状态下，就谈不上有教育效果，更达不到预期的效果，还会造成学生固执、刁怪的个性，养成当面一套背后一套的坏习惯，从而失去学生对老师的信任感、亲情感，甚至会导致师生之间感情的疏远、破裂。

反之，当教师用低声细语的方式与学生谈话时，学生就会体会到教师的沉着与威严，赢得学生的尊重与爱戴。在学生稳住情绪的基础上，教师可以冷静地进行有效教育。在"低声细语"谈话过程中学生感到师生处在平等地位上，显示出教师对学生的亲情感，能引起学生对老师谈话的兴趣，真正领会教师所谈内容的涵义，从而使学生在和谐的气氛中接受了教育的内容。

十一、给予任务

让学生具有完成工作的充实感，这也是非常重要的。这个方法对那些不跟别人合作、不合群的"不好"学生很有效。很多孩子不爱说话，也不愿跟老师说话，对这种学生，要尽量给他那些有机会与老师接触的任务，把他放在一个不得不张口说话的位置上。总之，要让学生对一件任务负起责任，通过完成工作，使他感受到自己是班集体的一分子，自己与他人同样受到承认，从而鼓起干劲来。

十二、制定切实可行的目标

教师可在观察、分析、研究"不好"学生的基础之上，为其制定一个"跳一跳，够得到"的行为目标和学习目标，帮助他选取易突破的有一定基础的近期目标，使其能在短时期内通过努力尝到成功的喜悦及相应的身心体验，从而增强努力的信心，带动行为习惯的改观和文化知识学习的进步。同时，要把短期目标、阶段目标、长期目标结合起来，脚踏实地，步步为营。当然还可以尝试采用目标激励法，学生一旦实现了某一目标，哪怕是细小的进步，教师也可以以各种表扬或奖励的形式加以肯定。

俗话说，千个师傅万个法。教无定法，贵在得法。"不好"学生的教育和转化工作，是一项耐心细致而又持久的工作，是每一位教育工作者义不容辞的责任，也是素质教育过程中面临的课题。我们只要思想上不歧视，感情上不厌恶，态度上不粗暴，方法上不随意，把一颗真诚的心扎根于"不好"学生的心灵深处，联系配合家长，全心投入，全力奉献，就一定能把"不好"学生身上的问题处理好。以下是一位教师在转化一位"不好"学生时的教育心得。

我们班在开学时来了一个男生，头发非常长，对老师说话的态度很不友好，当时我就意识到这是一个"刺头"。再后来与他及他家长的接触，我发现比起他的学习成绩来，他接人待物的态度问题更大！对于他的教育，我一直以来主要从以下几点着手：

1. 用爱心点燃希望

"不好"的学生，由于行为习惯和学习成绩的双差，多年来都被同学、老师、家长嫌弃。他们大多心理不健全，自卑、自弃、丧失自信心。因此我们在教育他们时，必须用真诚和热情去关心他们，用无私的爱去温暖他们，点燃他们心中的希望！不管是课内还是课外都要及时捕捉他们的闪光点，并要及时给以肯定和表彰，以树立他们的自信心！只要他们不犯错误，老师的脸上就永远充满着微笑！

我们班的这个"不好"学生曾经有着很好的成绩，甚至在个别学科还优秀于其他学生，在他仅有的几次上课听讲的时候，我都尽量让他来回答一些看似他有把握的能答对的问题，并且适时地表扬他。这样做的目的是让他时刻感觉到自己的价值，也是点燃他心中的希望的一种方式！我希望能以点带面，使他节节如此，天天如此！

2. 用严教纠正陋习

在老师眼中"不好"的学生常犯错误，犯了错误绝不能姑息，一定要严教，要他为错误承担责任，同时还要令其将功补过。这样才能纠正他们的坏习气，培养他们的公众道德和社会责任感。

让我总是犯难的这个"不好"学生身上真可谓是问题多多，不但对学习不感兴趣，作业从不完成，上课说话，做与课堂无关的事情，不值日，不上操……对于他每次犯错误我没有姑息纵容，只要被我知道的，我就一定严厉地批评并惩罚，尽力去改正他身上的坏习气。这样一来，不仅让他知道了最起码的责任和道德，也使他有种从未被放弃的感觉！

没有不好的学生，只有不好的教育

3. 用教艺激发感恩

"不好"学生的基础差，课堂上听不懂，坐不住，对学习丧失兴趣。这就要求我们老师在课堂教学中要有高超的管理艺术，要用风趣的语言吸引他们，用优秀的语言去影响他们。前面说过了在课堂上对这个学生的点面提携，在课堂上注重对他的学习兴趣的激发。与此同时，也要注意工作方法和策略，让他形成感恩之心，这样一来再难的工作都会水到渠成。

我班的这个"不好"学生给我的工作着实带来了不少问题，对他的处理又不能等同于其他同学，其实班级里的其他学生对他也有不小的意见。曾经几次在他不在班级时，我对其他同学说，对于他，我们都再有耐心些，老师从没想要放弃他，请你们也帮帮他，我们再给他些时间。说来也怪，还真就有学生把我的话原封不动地转述给他。一想到我真的没有放弃他，而不是就表面文章说说而已，他怎能不心存感激？这样一来，我再批评教育他时力度自然大了几分。

我们的教育要面向全体学生，哪怕是最令人头疼的学生，也要相信他们也会成为社会上有用的人。也许这些学生在成长的过程中会给我们带来很多麻烦，但是只要我们不轻易放弃，他们总有长大的一天。他们长大的那一天，也就是我们成功的那一天。努力吧，老师们！为了每一个学生能健康茁壮成长，我们要坚持不懈。

没有不好的学生，只有不好的教育

第四节　教育"不好"学生的误区

"不好"的学生之所以令学校和教师头疼，令家长忧心，令社会排斥，很大程度上是因为我们在教育他们时陷入了难以自拔的误区而不自知。在这方面，不乏深刻而惨痛的教训。

请看几个例子：

例一：

在 2004 年 10 月的某一天，某校中学生何某趁陈老师上课在黑板板书之机，偷偷地在下面抽烟。老师发现之后，便叫何某交出烟来，但何某再三否认抽了烟。于是，陈老师怒气冲冲地骂了他一顿，并打了他两个耳光，恰好是打在何某的左耳上，致使何某左耳失聪。后来，陈老师赔偿了该同学的经济损失。

在此案例中，陈老师面对课堂突发事件，应冷静处理，调查了解情况，以正面教育为主，讲清道理，使学生知错改错，而不能凭一时冲动体罚学生。因为我国《未成年人保护法》规定："学校、幼儿园的教职员应当尊重未成年人的人格尊严，不得对未成年学生和儿童实施体罚、变相体罚或者其他侮辱人格尊严的行为。"陈老师打了何某两个耳光致

使其左耳失聪的行为，违反了《未成年人保护法》的有关规定，侵犯了学生的身体健康权。所以，陈老师的行为是一种违法行为，学校应承担全部责任。

陈老师体罚何某造成何某失聪，法医将根据何某失聪程度鉴定何某伤残等级：轻微伤、轻伤、重伤。如属轻微伤，陈的行为属一般违法行为，不构成犯罪；如属轻伤或重伤，陈的行为构成故意伤害罪。根据《刑法》第234条规定，故意伤害他人身体的，处3年以下有期徒刑、拘役或者管制。犯前款罪，致重伤的，处3年以上10年以下有期徒刑。如属轻伤，加害人与受害人可以和解，受害人不向法院起诉的，不追究刑事责任；如属重伤，无论受害人是否向司法机关控告，司法机关将追究加害人的刑事责任。

例二：

某中学在2002年发生过这样一件事：八年级学生庞某在下午第二节音乐课时，多次调皮捣蛋，违反纪律，经老师批评教育拒不悔改，被老师赶出教室。庞某孤单在外，很无聊，下课后，找到八年级另外一个同学梁某，说第七节课不上了，去河里游泳。梁某书包也不上了，真的随庞某爬出围墙，来到河边。几个猛子扎下去之后，梁某发现庞某不见了，急得不知如何是好，来来回回走了几回，没找着，就急急忙忙回家去了。到了晚上，庞某的妈妈见下午儿子放学后一直没踪影，赶紧打电话给学校，学校说不在。最后找到梁某查清真相，学校和家长才知道不好了，立即动员学生、家长、老师一起去找，直到第二天，才在下游几里的地方找到庞某尸体。

在这个案例中，根据《学生伤害事故处理办法》第9条第（九）、（十一）项的规定，学校老师应负主要责任：第一，庞某在上课期间被赶出教室，违反上述第（九）项规定，是造成这次惨剧的原因；第二，

学生梁某和庞某第七节课没来上课，校方没有查找并通知家长，违反上述第（十一）项规定；第三，学校的围栏没有防范好，致使学生能爬出去。总之，家长把子女交给了学校，学校就应该在职责范围内管理好学生，对学生的人身安全负责。此外，庞某私自爬出围墙，违反学校规定下河游泳，也应负次要责任。

例三：

　　2006年5月的一天，在一所中学初二的一个教室里发生这样一件事：一贯不守纪律的学生牛某，又在课上与他人讲话，干扰他人学习，正在上课的王老师厉声批评他，牛某根本不听，并且与老师顶嘴，王老师气不过，便把他推出教室，双方在推拉中，都用力过大，后来便在教室打起来。后来在听到打闹声而赶来的其他老师的劝阻下，才平息教室里的一场师生打闹。打闹结果，学生脸上出血，老师胳膊受伤。

　　在这个案例中，王老师表现得极不冷静。对待一个自己十分熟悉的一贯不守纪的学生，更应该冷静想想怎样制止其违纪，又不致造成激烈的冲突。老师的错误就与不管何病都用一味药的医生一样。不管什么样的学生在其违纪时都粗声粗语，往往适得其反，甚至让自己难堪，更无从谈教育他了。

　　从上述案例中，我们也可以看出，当前教育"不好"的学生，存在着不少方法误区。

一、"不好"学生教育的方法误区

1. 抓两头，带中间

　　如果一贯以好学生为典型榜样，只能使他们的问题被成绩遮蔽；如果一贯以差生为坏典型，只能加剧他们的灰色心态，导致事态更为严

重；至于带中间，其实就是放任自流。

2．以罚代教

罚不是教，更不能代替教，随意体罚学生，只能把"不好"学生推向不可逆转的恶性发展的边缘。

3．翻老皇历

这种做法，一方面置"不好"学生的深层心理背景与外部环境因素于不顾，只是就事论事，另一方面更加严重损害学生的自信，使"不好"学生转化的希望变得更加渺茫。

4．爱而不教

"不好"学生比其他学生更需要爱，但爱不等于教，过多的爱、失当的爱更妨碍了教，有害于教。

5．虚假赞扬

赞美必须真诚、有度，有的放矢，学生自尊心的增强是取得成就的结果，并不能通过无端的虚假赞美形成。

6．先入为主

接手新生时，听了原任教师介绍或看了评语鉴定等档案材料就将其入另册，当差生看待，让该生一到自己门下就抬不起头来或者先入为主干脆来个下马威尝尝自己的厉害。

7．对其丧失信心

和"不好"的学生谈过话，家访过，也当众批评过，但是仍然收效甚微，就认为该生是"朽木不可雕也"继而经常当众或当家长之面数落该生的不是，恨不得"除之而后快"。

8. 视问题学生为眼中钉、肉中刺

在教育失效之后，对"不好"学生不加调查研究便讥讽挖苦甚至侮辱、谩骂、刁难，严重伤害差生的自尊心。

9. 视体罚为教育法宝

对不好的学生实行孤立、监管、罚作业、罚劳役，搞长拖久磨疲劳战术。

10. 看近不看远

有些老师常用成绩衡量学生的好与不好，看不到差生的小进步和闪光点，总拿差生的缺点与优生的优点对比，使差生失去信心和希望。

二、如何走出教育"不好"学生的误区

心理分析理论的基本观点认为，人的精神或行为的异常表现，本质上都可以追溯到其心灵史上（特别是儿童期）所受到特殊精神刺激。精神刺激就是由语言、表情、动作、姿势、态度和行为给人造成精神上的打击和创伤或者造成其不良的情绪反应。心理咨询与治疗的原理则相反，那就是用语言、表情、动作、姿势、态度和行为反方向地对对方施加心理上的影响，解决其心理上的矛盾，达到治疗疾病、恢复健康的目的。

青少年时期是人格发展的关键时期，平时我们所谓的思想品德不是定性的问题，我们今天所面对的很多"不好"学生，究其"不好"的实质，一般都是由特殊的精神刺激或不正确的教养方式造成的行为不端，而非定型了的思想道德品质问题。定型的思想道德品质问题可以用常规的教育手段去解决，严重的也可以用必要的行政手段甚至法律手段

没有不好的学生，只有不好的教育

去解决，而学生心理问题的解决，非一般的教育方式之所能，但如果斥之以行政手段或法律手段去对付，那也是成人的无知或犯罪，而这正是今天我们一代教育工作者所面对的难题。如果方法得当，这个难题是能够解决的。在此，我们为广大教师给出两条建议。

1. 努力提高自身的品德素养

"教师是太阳底下最光辉的职业"，"教师是人类灵魂的工程师"，这些对教师的称赞，本身就是对教师的极高要求。一个品德高尚的教师，他一定心胸宽广，不仅有一颗善良的心，更有一颗难得的宽容的心和无私奉献的精神。卢梭有句名言："你要记住，在敢于担当培养一个人的任务前，自己就必须要造就成一个人，自己就必经是一个值得推崇的模范。"

2. 努力提高自己的业务素质

学生对老师的敬畏不仅是人品上的，很大程度上是对老师所拥有的知识的敬畏。因此，很高的业务素质会给老师教书育人带来很大的便利。否则，学生便不敬其师，更不会仿其师，从其师了。老师在学生面前要有一种"底气"，这种底气来自对学校教学知识的灵活把握和对自己人格魅力的信心。老师只有有了这样的专业底气了，才能很好地教书育人，转化"不好"的学生。

第二章 教育『不好』学生的意义、思路、方法、误区

第三章 "不好"学生
之学业问题诊断

    众所周知，许多"不好"的学生在老师眼中之所以是问题生、差生，其首要的问题便是学习问题，表现在厌学（不注意听课、不完成作业、逃学）、学习困难（粗心马虎、注意力不集中、自信心缺失）、偏科，甚至考试作弊等方面。

    学习乃是学生第一大要务，甚至可以从学习能力、成绩等方面体现、锻炼出学生的诸多其他能力。尤其是在当代这种教育制度之下，学习不好等于宣判了学生学校生涯的死刑，所以学生自己、家庭和老师应着力搞好学生的学习问题，为学生的考学、自身发展打下坚实的基础。

第一节 厌学问题

作为一个学生，首要任务是学习。而据有关调查报告得知，有85%的学生有厌学的现象或曾经厌学过。大部分"不好"的学生对学习怀着无所谓或厌恶的态度，导致学习成绩不佳，有些甚至品行变差等。

一、厌学的具体表现

厌学具体表现在这些方面：

1. 课堂注意力不集中，不认真听讲，爱做与课堂无关的事，经常违反课堂纪律，精神不振，爱打瞌睡，一般不愿做作业，或者做作业敷衍了事。

2. 经常迟到、早退、旷课、逃学，对老师、家长提出的学习要求故意抵触对立，有的干脆弃学出走。

3. 学习无兴趣，缺乏求知欲、好奇心，只是在外在压力下机械、被动、应付式地学习。因此学习无主动性、积极性，学习成绩和纪律表现差，而且有愈来愈糟的趋势。

二、厌学的原因

"不好"的学生厌学的原因，主要有以下两个方面：

没有不好的学生，只有不好的教育

（一）主观原因

1. 由于自身比较懒惰，怕苦怕累。许多中学生对学习毫无兴趣，一看到书本就头痛，这一点是引起中学生厌学的一个重要原因。

2. 由于学习方法不当，导致许多学生基础知识差，成绩跟不上。而家长"望子成龙"企望过高、要求过严，这巨大的思想压力和精神负担使他们难以承受，久而久之便对学习产生厌烦情绪。

3. 学生自身因素。

如今，由于大部分学生是独生子女，从小受到宠爱，缺少吃苦耐劳精神，甚至部分学生养成了好逸恶劳的恶习，因此意志薄弱，缺乏克服困难的勇气和奋发向上的精神。遇到困难和挫折时缺乏自信心，容易自暴自弃。另外部分学生学习目的不明确，缺乏内在学习动力或基础太差，学习方法不当，自感智力低下，不是学习的"料"。还有的学生兴趣广泛，性格活跃，易受外界影响，但又缺乏辨别能力和自控力而盲目崇拜和摹仿导致"不务学业"，最后必然产生厌学心理。

（二）客观原因

1. 社会因素

虽然人类已进入 21 世纪，知识经济已初见端倪，但是在经济不发达地区，特别是地处边远，经济、文化落后的穷困山区，基本沿袭着传统的生产、生活方式，并没有受到知识经济浪潮的多大冲击。许多先富起来的富裕户、个体老板未读完初中，甚至小学未毕业，却腰缠万贯。这些现象使不少学生误认为书读多少，无关紧要，没有必要那么辛苦。

另外社会腐败现象在学生中也产生副作用，诸如走后门当兵，花钱进重点班，有钱就能上大学等，致使有些学生觉得正经读书不一定有用。至于不健康的报纸杂志、影视作品及网吧等的消极影响，进一步加剧了学生厌学心理。

2. 家庭因素

部分家长忽视自身作为子女"第一任家庭教师"的角色，在教育子女上，他们糊涂认识多，偏颇看法多，简单粗暴多，放任自流多。还有的父母不管教或不善于管教，强制或逼迫子女学习，而造成子女的逆反心理，从而使其失去了对学习的兴趣。

首先，不少家庭教育方式不良。有的家长教子无方、简单粗暴，对中学生过多的惩罚、责备、否定和干涉，同时又有偏爱和过度保护，容易使中学生产生心理障碍。

其次，家长的不良榜样也对中学生产生严重的消极影响。有的家长不学无术，主要精力都花在吃、喝、玩、乐上，并流露出对知识的轻视，对物质生活享受的满足或不懈追求，有的家长经常在孩子面前划拳酗酒，打牌赌钱，语言粗俗，至于那些家庭破裂、父母离异的学生更是精神受到压抑，心灵受到创伤而无心学习。

凡此种种，必然对中学生学习和成长产生不良效应。此外，一些家庭经济困难的家长，在孩子刚进中学时就流露出不能支持孩子升入高一级学校学习的思想，使学生产生学习刻苦白费劲，成绩再好也枉然的心理，大大削弱了中学生的学习积极性。

3. 学校因素

近几年来，许多学校虽然素质教育声势"轰轰烈烈"，但应试教育更"扎扎实实"，片面抓智育，忽视德、体、美、劳，在智育中又只注重与升学考试有关的课目，为了让学生考出好成绩，只好双休日补课，节假日不休，题海战不停。

据了解某校某年级学生仅练习册就多达二十多本，导致学生身心疲惫，苦不堪言。同时部分教师不注重教材、教法和学生心理的研究，观念陈旧、教法呆板、单调、"满堂灌"、"家长制"把课堂变成了"讲堂"，阻碍了师生情感交流，压抑了学生的求知欲和好奇心。还有些教师只偏爱成绩好的学生，对成绩不大好的学生一味批评指责，极易引起学生的反感，久而久之，使学生产生厌学情绪，形成厌学心理。

综上所述，当前"不好"学生厌学现象的成因是错综复杂的，解决厌学现象问题的途径也是多种多样的，但这需要学生自身的努力，学校、家庭、社会相互配合，多管齐下。

三、解决"不好"学生厌学的途径

（一）宏观层面

宏观上可以有以下几个方面：

1. 学校、家庭、社会相结合，共同创造一个良好的育人环境。

既然造成"不好"学生厌学的因素是多方面的，因此，单靠学校育人是不够的，还要树立大教育的理念，以学校为主，积极争取家庭和社会的大力支持与配合，建立学校、家庭、社会的大育人网络。

近几年来，国家已制定了一系列保护未成年人权益的法律法规，社会各界积极支持参与"希望工程"、"爱心行动"，使包括中学生在内的许多青少年得到应有的保护和关爱。前不久，从中央到地方，统一清理整顿存在安全隐患、危害中小学生身心健康的网吧等娱乐场所的行动更是深得人心。相信只要学校、家庭、社会互相配合，形成教育合力，创造出一个良好的育人环境，"不好"学生厌学现象就会逐步得到遏制。

2. 建立家长委员会，举办家长学习班，加强家校联系。

针对学生厌学情况，家长与教师共同分析学生厌学原因，共同商讨解决办法，达成共识。若是家庭因素造成的，如家庭不和、经济困难、教育方法不当等，要求家长必须一切以子女的教育为重，为子女的成长进一步牺牲自身利益，并且努力提高自身修养。另外，要使家长认识到与孩子互相沟通的重要性，无论再忙，也要与孩子交流谈心，以促进互相沟通，能沟通就能互相理解，家长能理解子女的烦恼，子女能理解家长的难处，这样，子女就能多一份自觉，减少一些厌学情绪。

3. 转变教育思想，更新教育观念，改进教学方法，切实全面推进素质教育。

教育主管部门、学校及教师，首先要提高认识，真正肃清应试教育片面追求升学率的危害性，严格遵循教育规律，树立正确的教育观、质量观、教学观、学生观，把素质教育落到实处。

（二）微观层面

具体来说可以有以下几个方面：

1. 从学生个人角度

从"不好"学生的个人角度来说，首先应认识到学习是公民应尽的义务，是立国、强国的需要等。在此基础上要严格要求自己，增强自控能力。其次要端正自己的学习目的和动机。由此可以提高学生对学习的信心。

2. 从家庭角度来讲

家长要严格要求自己，时时处处给孩子起表率作用，要尽量营造一种积极进取的家庭氛围，使孩子在平等、民主、关爱、和睦的环境下，保持身心健康，专心致志地投入到学习中去。

3. 从教师角度来讲

从教师角度来讲，教师是帮助"不好"学生改变厌学情绪的关键因素。

首先，教师要排除学生厌学心理，激发学生的学习兴趣。教师要更新教育理念，营造轻松愉快的学习氛围，想方设法激起学生学习的兴趣。教育学家第斯多惠说："教学的艺术不在于传授本领，而在于激励唤醒、鼓舞，主要就是要激发学生的兴趣。"教师应多让产生厌学情绪的学生在学习中有获得成绩的机会。给他们一个可以达到的目标，诱导他们"跳一跳，能摘到桃"，只要他们获得了一点成功都要鼓励，使他们能尝到学习的乐趣，体会到学习中的快乐，成功的喜悦，同学们的赞扬促使他们去争取新的成功，从"要我学"转变为"我要学"，而且能"要下苦功学"。

其次，寻找"不好"学生的闪光点，树立学生学习信心。对产生厌学情绪的学生，作为教师，要时刻捕捉此类学生的闪光点，及时肯定

第三章 "不好"学生之学业问题诊断

表扬，满足这些学生的自尊和正常的心理需要，以创造转化契机。当然，在表扬厌学学生时要注意方式、方法，以树立正确的舆论向导和良好的学风。

再次，享受成功喜悦。随着年龄的增长，学生的"表现欲望"和"成功需求"也越来越强，对有厌学情绪的学生不能提过高的要求，要从其爱好和特长入手，选取一个一经努力即可实现的目标为突破点，帮助、指导他们获得成功，使其体会到成功后的充实和快乐，进而再提出新的内容和要求，这样几经循环，既可以提高学生学习的兴趣，消除厌学情绪，又可以使他们掌握丰富的知识和技能。

最后，要注意减轻学生负担。在"应试教育"向"素质教育"转轨的今天，作为教师要狠练教学基本功、提高教学效率、提高教学质量，切实减轻学生学习负担，使学生避免重复、无为的劳作，让学生轻松、愉快地学习。

案例一：

赵越是小学二年级的学生，上课的时候总是听一会儿就不自觉地东瞧瞧、西看看，桌面上有什么东西都想玩，一支铅笔、一块橡皮都能让他玩上半堂课，等到被教师提醒而转过神来听课时，由于没听到前面的而跟不上，所以又去玩手边的东西，考试成绩自然不好。教师和家长都着急。他自己也知道上课应该认真听讲，想改掉这个坏毛病，可一上课就不自觉地又神游了。

【诊断】

小学二年级的学生虽然已经有了控制注意力的能力，但还是容易受其他事物的影响而分心。这个年龄段孩子的自我控制能力还较差。上课不专心听讲，有其自身的年龄特点。

（1）对上课所讲的内容不感兴趣。如果教师讲得有趣，他肯定会

没有不好的学生，只有不好的教育

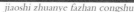

全神贯注。

（2）虽已上了二年级，却还未养成上课听讲的良好习惯。

（3）不适应教师的讲课形式或不喜欢任课教师，而"迁怒"于听课。

（4）平时他很少受到教师的关注，而教师的批评正是一种关注，潜意识想得到教师的关注，所以不认真听讲。

【策略】

（1）根据小学生的年龄特点，上课时多采用新鲜、有趣、生动、形象的事物来吸引学生的注意力。如小动物、童话、实物等会使课堂生动活泼。另外也可适当增加活动性的内容，让学生参加，会使他们的注意力集中到课堂上。

（2）培养小学生的学习兴趣。通过评价、外部奖赏来激发小学生的学习动机，并给予及时、积极的反馈，鼓励小学生提各种问题等来激发学习动机。

（3）上课前调整好情绪。有良好的精神状态，是听好课的基础。

（4）养成良好的听课习惯。课前预习，把不懂的问题记下来；在课堂上带着问题听课，寻找答案。为了不分散注意力，将与上课无关的东西放在书包里。在听讲时，思考哪些是重点，认为重点的就记下来，准备课后复习。同时，对一些没听懂的也要记下来，以便下课问教师或同学。

（5）对于不认真听讲的小学生，平时应给予较多的关注。小学生都希望得到教师的关注，比如，平时交往中，摸摸学生的头，拍拍学生的肩膀，都会让他们感到自己在教师心目中是有位置的。在上课的时候，可以经常提问，让他们回答问题可以有三个好处：一是可以使他们集中注意力听课；二是可以促使他们思考问题；三是经常受到教师提问的学生，不会以不注意听讲或搞小动作而吸引教师的注意。

第三章 "不好"学生之学业问题诊断

案例二：

14 岁的小威是初一年级的学生。小学成绩一般，处于班级的中等水平。自从上了初中以后，常常因为考试成绩差而遭到家长的责骂。由于父母在外地上班，每个月才见一次面，老师频频与家长联系，反映其在校学习过程中学习态度很不端正，经常在上课的时候无精打采，提不起学习兴趣，作业不交，也常常在课堂上吃零食，并且屡教不改，眼看着初一学年即将结束，而他的情况却不见好转。

【诊断】

在初中生的眼中，学习本身是一个什么样的过程呢？在一些调查中，有相当一部分学生（约占总体学生的 1/3 或更多）认为学习是被动、烦恼的事。学生的学习负担、频繁的考试、艰苦紧张的学习生活都造成了学生消极的学习心理状态。而对学生的厌学情绪和厌学行为起到直接推动作用的是学生的个性特征、学校环境、家庭环境等。

具体分析一下，造成小威厌学的原因有以下几个方面。

1. 不良性格的影响

小威的不良性格导致了其在面对老师与家长的批评时不能很好地调整从而轻易地放弃了学习。小威父母在监狱系统工作，由于工作的关系，父母在对小威的教育上有所欠缺，上了初中以后与其他的孩子对比，更显示出了明显的劣势。学习上的差距也让他觉得，与其他较好的学生相比，总是不如别人，因而自暴自弃。同时母亲对他的宠爱与骄纵形成了他对事物漠不关心、不愿意承受过于沉重的学业压力、追求享乐、不够坚强、遇到困难就主动放弃的性格，而且比较神经质，情绪的波动比较大，总是被情绪控制来行事。

没有不好的学生，只有不好的教育

2. 学校学习环境的影响

沉重的学习负担往往是造成"不好"学生厌学情绪的主要原因，学习内容的繁琐与教学方法的呆板直接影响学生的学习情绪。在教育过程中，教师往往注重的是学生考试成绩的高低，而忽略了学生其他方面的素质，这种对学生能力的错误评价标准也使学生颇为不满。有的教师仅仅因为学生的学习成绩不好或学生的平时表现不好便全盘否定他们的能力，公然歧视他们。这便直接导致学业不好的学生对他们的学习行为及结果进行消极的归因，最终造成了厌学情绪的出现。

3. 家庭环境的影响

家庭环境是造成"不好"学生厌学情绪的重要原因。家庭教育方式不当给学生的学习情绪带来了消极的影响。当孩子的学业成绩上的表现达不到父母的要求时，如果父母的教育方式仅仅停留在不停地批评，不断地否定孩子的学习能力和学习态度的时候，会导致孩子对自己的学习行为做出不正确的归因，再加上对父母态度的不满，那么在这种心理的影响下，学生会更为消极对待自己的学习，从而导致厌学情绪的不断增长，最后便不愿意主动地接受学习，得过且过，最终放弃自己的学业。

从小到大，小威的成绩一直都不优秀，常遭致父母的责骂，再加上父母将其与成绩较好的表哥进行对比，他便自暴自弃，最终放弃学业。

同时，父母的榜样作用也影响了学生的学习态度。父母是学生的启蒙老师，因而，父母的学习行为与学习态度对学生的学习心理有重要的影响。如果家长对知识不重视，对自身素质的提高不重视，在平时生活中也并没有表现出太多的学习的动机和学习行为，那么孩子也会遵循家长的学习态度，对学习表示轻视。没有端正的学习态度作为指导，学生就会在学习过程中表现出厌学情绪，那就更不可能有良好的学业成绩，

教育专家认为，厌学是指学生对学习否定的内在反应倾向，包括厌

学情绪、厌学态度和厌学行为。表现为对学习厌恶反感，经常逃学或旷课，它的直接后果就是导致学生学习效率下降。在本案例中，小威即使知道学习的结果直接影响到他的未来，但是他仍然对学习表现得非常反感，甚至感到痛苦，宁愿承受老师、家长以及其他亲朋好友的责骂，也仍然我行我素，不做作业，或者是在课堂上睡觉，做一些与学习无关的事。这些行为的直接结果就是学习成绩的急速下降，从小威的表现中可以判断他存在着极度的厌学情绪，而且在这种厌学思想的指导下，他无心向学，导致了严重的后果。

【策略】

通过对小威的案例进行分析和诊断可以知道，造成"不好"学生厌学情绪的因素是多方面的，因而对厌学情绪的心理治疗也需要从多个方面进行努力，而对逃学这种问题行为的干预也需要学校的老师、家长以及被干预者的共同配合来保证干预过程的顺利进行，才能达到最佳的效果。

1. 学校老师应该更为关注处于弱势的学生

在学生学习的过程中，接触最多的长辈就是老师，对学生的学习动机与学习态度产生最大影响的也是老师。因而老师们应该意识到他们在学生的学习过程中所起到的关键作用，努力改革课堂教学方法，提高教学内容的趣味性与教学手段的灵活性。只有这样才能充分调动起学生的学习积极性，给他们带来学习的动力。而更为重要的是，老师要给予学生充分的积极关注，不仅要关心学生的学习，也要关心学生的生活和思想，学生人格的健全发展需要老师的积极引导。

2. 创造良好的家庭环境

家长应对学生的学习行为给予积极的关注，要注重与孩子进行心与心的交流，同时还要注重自己的行为与态度对孩子的示范作用。当孩子没有取得预期的学习成绩时，要注意采用恰当的教育方式，不要强化孩子对自己的学习行为的消极归因。

3. 进行有效的心理咨询及行为干预

心理咨询是改善学生厌学情绪的较为适合的途径。通过选择恰当的干预技术和方法，如合理情绪疗法、强化法、认知疗法等，通过改变自身的认知和行为，转变其对学习的看法和态度，引导其对自己的学习行为做出正确的归因，通过分析自身的原因，从其自身的因素出发来提高自我管理和控制能力，缓解其厌学情绪，激发其学习兴趣，减少厌学行为，提高学习效率。在对学生进行心理咨询过程的同时，建议采用家庭疗法，争取家庭的配合来进行积极的治疗，整个家庭共同努力来治疗孩子的厌学行为。

在这个个案中，很明显，小威的厌学情绪很大程度上是由于家庭环境中家长对孩子学习的态度及其所采取的并不恰当的教育方式而导致的，家庭的教育方式同时也导致了小威不良性格的形成。因而在对小威进行转化的过程中，就要特别注重家庭的作用，让家长参与教育过程，促进家长与孩子的交流与心灵的互动。

利用合理情绪疗法可以使小威对学习过程以及学习目的有更为客观的理解，从而调整学习态度与学习动机水平，促进其从思想上改变对学习的认识，从一个更为积极的角度看待学习过程。强化法可以对小威的积极学习予以强化，从而保证其学习过程的持续性。利用认知疗法可以帮助小威认清自己性格上的缺陷，可以有助于完善其人格。

总之，只有对各个个案的具体情况进行具体分析，才能恰当地选择具体的干预方法对"不好"学生的厌学问题进行治疗，才能保证"治疗"的效果，最终达到解决问题的目的。

案例三：

小磊曾经是一所普通初中的优等生，成绩在班里一直都是前三名。升入一个重点高中后，第一次摸底考试只考了第30

名（全班 46 个学生）。小磊很是焦虑，感到压力很大，觉得重点高中强手如林，高中的课程太难，自己不如别人，考试成绩也一次比一次差，成绩维持在中等偏下的程度，于是慢慢产生了厌学情绪。

【诊断】

像这样从普通初中升入重点高中的学生其实非常普遍，感到高手如林也很正常，关键是家长和孩子要以一个正确的心态来看待这个问题。针对上述问题，可以从以下几方面来解决。

1. 帮助孩子找到厌学的原因

因为学生对自己成绩的不同归因，会引起不同的认知、情绪和行为反应。合理的归因可以提高自信与坚持性，而错误的归因会增加自卑和自弃等不良情绪和行为。

家长应该告诉小磊第一次考试成绩不好，并不能说明自己不如别人，因为能够考入省重点中学，本身就已经说明他的学习和考试能力，想想过去成功的学习方法，不要给自己太大压力。但他把原因归于强手如林，课程太难，自己就不行了。高估了学习中的困难，低估了自己的学习能力，所以学习成绩才会越来越差。帮助他正确地认识自己，认识课程的难度，要相信自己还是原来的自己，课程也并不像自己想的那么难，只要学会合理的学习方法和科学地安排时间，经过一段时间的努力，一定会取得好成绩。

2. 让他为自己设置恰当的学习目标

设置一个适合自己的学习目标，刚开始目标不要过高，过高的目标容易使学生产生较大的心理压力，往往造成欲速则不达的不良后果，目标太低则起不到应有的激励作用。所以目标要明确为中等难度，可以在短期内达到，这就要求家长和老师不要给孩子施加过大的压力。孩子在确立目标以后，家长和老师要给他鼓励，一有进步就给予表扬，不要吝啬我们的赞扬，任何人都是喜欢鼓励和表扬的，即使是八十岁的老人，更何况他只是一个孩子。

案例四

　　一次，陶行知先生应邀到某大学演讲。他走进教室，就把一只大公鸡往讲台上一放，抓起一把米让它啄食。可是，公鸡惊惶不肯啄食。陶先生见它不吃，就强按鸡头"请"它吃，公鸡拼命后退，仍然不肯吃。陶先生干脆掰开公鸡的嘴使劲地往里塞米，公鸡拼命挣扎，死也不肯吃。之后，陶先生松开手，后退数步。公鸡稍稍平静，徘徊一阵后，慢慢靠近米粒，继而悠悠地啄起食来。

陶行知先生以生动的事例启迪我们，教育者凭着主观想象去强迫孩子做某件事，实在是行不通的。当今的素质教育要以尊重学生的个性为前提，学生是学习的主人，教师应积极鼓励学生，让其充分发展个性。然而多年来，由于实行分班制的比较，升重点中学的名额限制，一纸成绩定分晓，在推进学生全面发展的素质教育制度下，还有多少学生依然困于书本，拘于读写，限于室内呀！

四、厌学心理的矫正

掌握了学生厌学的心理规律，我们就能够有的放矢地进行矫正，针对不同的心理现象，采取不同的教育方法，使学生由厌学转化为乐学。

1. 激发学习动机

学习动机是推动学生学习的内在动因，学生们是在各种各样动机的驱使下产生学习行为的。没有动机或者负动机是不可能产生学习行为的。动机的激发，可采取内部动机开启与外部动机诱导相结合的方法，注意刺激学生的求知欲，强化知识与生活的联系，提高学生对知识价值的认识。动机的发展要靠学生的自我效能感、自我发展感、争取社会地位感来推动，要靠期望、竞争、评价来保证，其中远大的理想（包括人生观、价值观）起决定作用。

2．改变观念，接受自我

让厌学的学生重新认识自我价值，形成良好的自我意识，这是变厌学为乐学的重要一环。要认真地去发现厌学学生所表现出来的良好、积极的学习态度和行为，从正面予以肯定，并不断强化，让他在前后比较中接受自我，认识到自己并非无可救药，而是能学好的，相信自己也是一个有能力、有前途、受尊重的人，改变自己无能的观念。当然，对厌学的学生评价必须是客观、中肯、善意的，不能讽刺或偏激，以免增添其逆反心理。

3．增加情感补偿

情感教育是润滑剂，也是化解厌学心理的良药。古语有"亲其师，信其道，学其理"之说，讲的是"爱屋及乌"的情感效应。学生热爱老师，往往会将这种情感迁移到学习中来，似乎觉得不学好就对不住关心爱护自己的老师。而对于那些情感饥渴者，教师更应付出无私的爱，这是学生热爱学习的心理力量。教师对学生要一视同仁，少用惩罚、责备等强硬的教育方式，坚持正面教育，经常去寻觅、发现学生身上的闪光点，及时表彰学生的点滴进步。对于已有厌学倾向的学生，教师要经常与他们进行心灵的交流，把爱和期望传递给他们，帮助他们发掘学习的兴趣。

4．强化成功体验

成功可起到正强化作用，经常给学生呈现愉快的刺激，有助于推动学生积极主动地学习，防止习得性失助感与失尊感的产生。

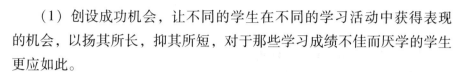

（1）创设成功机会，让不同的学生在不同的学习活动中获得表现的机会，以扬其所长，抑其所短，对于那些学习成绩不佳而厌学的学生更应如此。

（2）降低学习目标，低起点、慢步子、分层次是使不同类型的学生获得成功的重要途径。低目标，学生易达到，就能察觉到自身的进步，体验到成功的喜悦。

（3）帮助学生确立自我参照标准，促使学生从自身变化中认同自己的成功。

（4）及时奖励。行为主义心理学家斯金纳认为奖励是愉快的刺激，它能增加个体积极反应发生的概率。对于学习者来说，成功便是最好的奖励；而对于教育者来说，学习者的成功是结果，本身不是评价，如果视之不见，漠不关心，那么很可能会熄灭学习者的学习热情，当然需要的奖励，应以精神鼓励为主，目的是使学生心理获得积极的满足感与自豪感。

5. 提高学习兴趣，改进学习方法

一个人的学习兴趣不是天生的，而是在后天的环境和实践中逐步产生和培养发展起来的。苏霍姆林斯基认为："学习是一种要求极度紧张的劳动，它又是一种乐趣，但只有通过自身的努力克服了困难和取得成绩时，才产生这种乐趣。"掌握牢固的基础知识是培养兴趣的前提。知识积累多了，兴趣也就会随之而来。同时在学习中不断地改进学习方法，摸索出适合自己的学习规律，也是提高学习成绩培养学习兴趣的有效途径。

6. 培养自觉、自制的意志

要针对厌学学生好胜心强和意志力弱的特点，特别注意启发他们的自觉、自制，培养其自立、自律、自强的能力，指导他们制订计划，引导他们为实现目标而脚踏实地地行动并形成习惯，及时反馈，赋予责

任，强化动机。

7. 家长也要改变育子观念

家长要多和孩子交流沟通，正确估价孩子的实力。注意孩子的性格培养，不给孩子规定不切实际的目标，同时注意查问题，不迁就，有情况马上对孩子进行心理干预和治疗。

没有不好的学生，只有不好的教育

第二节 偏科问题

"不好"的学生在学业问题上存在的另一个问题便是学习偏科，这种现象一直以来令家长头痛不已。实际上，每个孩子的个性特点不同，学习环境不同，学习方法不同，产生偏科的原因各不相同。只有对症下药，才能有效防止和根治。

一、偏科形成的原因

形成偏科的原因是多种多样的，归纳起来不外乎两种。

1. 个人因素

（1）基础薄弱。

有些偏科学生在小学阶段某一科的成绩就不太理想，经过几年的努力，依然没有起色，那么等到进入初中、高中，随着课程难度加大，学习起来就更感吃力，索性破罐子破摔，不再用心学习这一科目，长此以往，形成恶性循环，造成偏科。

（2）缺乏兴趣。

有些"不好"的学生偏科，不是因为学习能力的问题，而是因为缺乏对该门课程的学习兴趣。对该门学科缺乏足够的学习兴趣，这又分多种情况，比如有的学习没兴趣是因为和代课老师之间有矛盾，最终影

响到学习该课的热情；另外一种情况就是学习的方法不当，总是收不到预想的效果，降低了学习兴趣，最终出现偏科的结果；再就是，本身就不喜欢某一门课程，无论怎样努力都对该课程不感兴趣。

2. 教师因素

（1）教师的个人魅力和人格魅力会影响学生的学习。

在日常教学中，许多教师都深有体会：学生对教师喜欢的程度不同，对其所教学科的努力程度也不同。经常有学生议论，说他们喜欢某位老师，听课兴致高；不喜欢某位老师，听课时昏昏欲睡。可见，教师的业务能力、人格魅力与其教学成绩存在正相关。因此，教师的教育观念、教育思想、教学能力固然很重要，人格修养也同样重要。

（2）教师的期望、态度及正确引导非常重要。

著名的"皮革马利翁实验"表明，教师寄予学生更大的期望时，在上课时就会给予他更多的关注，并通过各种方式向他传达"你很优秀"的信息，使学生感受到教师的关注，从而产生一种激励作用，学习时加倍努力。

积极的期望促使人向好的方向发展，消极的期望则使人向坏的方向发展，人们通常用这样一句话来形象地说明皮革马利翁效应："说你行，你就行；说你不行，你就不行。"可见，要使一个人发展更好，就应该向他传递积极的期望。在学校环境中，高期望者的努力可以赢得奖励或者表扬，并能为日后的发展铺路，所以努力学习是相当有价值的行为。相反，低期望者则更多地因失败而受到批评，加上缺乏支持性的环境气氛，导致他们选择各种可免受惩罚的活动和行为，如旷课、逃学、不参与课堂活动等。这样，他们学习动机的强度就很低，学习成绩就会越来越差，造成恶性循环。

（3）教师对学生的态度至关重要。

每个教师可能都知道，要对所有学生一视同仁，这一点说起来容易，做起来却不容易。很多老师不由自主地就喜欢那些学习优秀的学

生，虽然嘴上说要做到"一碗水端平"，但实际上从行为上还是可以看出他们对一些成绩好的学生的偏爱，而对成绩不好的学生漠然置之，从而使这些学生对教师产生偏见，甚至讨厌老师，自暴自弃，放弃对这门学科的学习。

由此可见，教师对学生的不同态度和行为，一旦为他们所认识、理解，就会直接影响其学习的努力程度，进而影响学习成绩。

通常，学生偏科后一般表现为两种心理：一种是哪一科弱就"怕"哪一科的老师。在教学实践中，教师能深深体会到弱科学生存在的矛盾心理：他们很想学好这门学科，但又害怕上这一学科，表现为"害怕教师提问，害怕考试，害怕分数"等，这就导致他们这一学科的成绩越来越差。另一种是"以优势补弱势"的心理。有的学生觉得自己只要在某门学科上有优势便足够了，不会影响综合实力。但恰恰相反，对弱科的忽视只能让弱科更弱，使总成绩更低。

二、偏科的矫正

1. 让学生明确"偏科"的危害，树立全面发展的思想

中小学阶段，属于基础教育阶段，是为日后成才打下坚实基础的阶段。各年级开设的各门学科都是为了孩子的全面发展，经过科学论证和实践检验而设立的，偏废任何一门课程，就犹如修建高楼大厦时地基缺了几样关键的东西，其后果是很严重的。

从未来的工作需要看，日后每个人的工作都将是综合性的，且工作变动性很大、很快。一项工作、一个问题的解决，往往要用到许多领域的知识——培养复合型人才已成为国内外教育界一个公认的目标。同时，各学科之间是相互联系、相互渗透的。如果偏废一科，对其综合素质的提升势必产生一定的影响。再加上考试强调各学科的综合成绩，如果偏科，就会变成"$X + 0 = 0$"。

因此，教师和家长要告诉学生偏科的危害，让其树立全面发展的思

想，矫正学习偏科的不良习惯。当然，这里反对学习偏科的坏习惯，强调学生全面发展，并不反对学生的个性发展、特长发展。

2. 应针对孩子的具体特点和偏科的具体原因进行分析

对于假性或暂时性的偏科，第一种表现在一科突出，其他平平。对这种情况，要积极鼓励孩子的优势科目，通过优势科目，树立信心，让孩子认识到自己有学习好其他科目的能力，进而逐渐提高对其他科目的兴趣，并逐渐加大对其他科目的学习投入。

第二种表现是文科或理科突出，另一方面较弱。这就要针对较弱的科目加强学习方法和学习兴趣的研究。对于文科，首先从语文入手，让孩子有充分的时间阅读，培养对语文的兴趣，进而喜欢写作。读得多了，知识面就宽，写作时才有话可说。对于数学不好的学生要把补充基础作为重点，牢牢掌握基础知识，在确保自己对简单的题目完全掌握后，逐步提高难度。

第三种表现是一科较弱，其他都较强。这相对容易解决。要注意不能盲目对孩子的弱势学科进行补习，过多的补习可能会加强孩子对该科的厌烦情绪。特别是大班的补习，针对性不强，可能效果并不佳。重要的是对于弱势学科，养成良好的学习习惯，培养兴趣。可以针对这一科目制订可行的计划，不要急于求成。用一年的时间逐步提高。

另外，对已偏科的初三、初四学生，这时候的偏科，往往是顽固性的或实质性的。由于有中考的淘汰限制，好的科目再想得到更高分，难上加难，而如果能在弱势科目中，增强知识的理解，往往产生事半功倍的效果。正所谓越是落后的就越是潜力巨大的。对于弱势学科，一定要加强基础，保证自己能够会的题型的得分率。要加强应试能力的训练，找准考点及得分技巧。特别是对弱势科目的最薄弱环节的突破，往往带来单科成绩的突飞猛进，进而提高整体成绩。

3．以优势学科为兴奋点，培养攻克薄弱学科的兴趣。

学生既然有自己的优势学科，就有自己学习的过人之处。要认真分析总结一下优势学科的学习经验，以优势学科为兴奋点，培养对薄弱学科的学习兴趣，将学习优势学科的方法经验转移到薄弱学科的学习上来。

另一方面，也要挖掘薄弱学科的学习优势，比如外语的听力不好，但阅读能力强，以此为兴奋点培养自己的学习兴趣。要走出"薄弱学科—没有兴趣—学科更弱—更没兴趣"这样一种怪圈，越是薄弱的学科，越要坚定学好的信念，越要培养学习兴趣。只要坚持努力，薄弱学科的堡垒是一定能攻克的。

4．注重基础知识与技能训练，加强薄弱学科学习时间补偿。

对于薄弱学科，学生往往是在学习基础和基本技能上显得薄弱。因此，学生一定要增强对知识的理解，加强基础训练，保证基本题型不丢分，还要加强应试能力的训练，找准考点和得分技巧，特别是加强对弱科薄弱环节的突破，进而提高整体成绩。

功夫在课外。要适当利用课外学习和休息的时间，有针对性地开展薄弱学科学习补偿。一方面自己花功夫学习与训练，但要讲求方法，不能盲干；另一方面，要积极向他人请教，学习他人成功经验。如果基础特别差，短时间无法自己补偿，有条件的也可请家庭老师予以辅导。不管哪种方式，关键还得靠自己的不懈努力和奋斗。

5．教师要提高自身素养

教师的学识、能力、品德、修养等素质熔铸成人格，这是其吸引学生注意的主要源泉。教师要为人师表，用自己的言行使学生感受到自己对本职工作的热爱，以及忠诚教育事业的敬业精神；要不断提高自己的知识水平，以良好的师德修养和渊博的知识在学生心目中树立起威信。

当学生对教师的才能非常欣赏，并产生发自内心的敬佩和信任时，他们就愿意与教师接近，并乐于接受其教导。因此，教师应既当学生的师长，又做他们的朋友。集这两种角色为一身的教师，才会对学生产生较强的吸引力和凝聚力。

综上，学生偏科现象的形成既有老师的因素，也有学生自身的因素。教师在教学中只有正视学生在学习上的个别差异，并认真研究和分析他们不同阶段的学习状态，了解其在学习过程中存在的各种困难和障碍，才能切实发挥自身的"主导"作用。

此外，对孩子弱势科目上取得的点滴进步，老师和家长都要给予充分的肯定，如课堂发言、读书笔记等等。引导孩子主动去接触弱势学科，加强对弱势学科的日常学习。也可以从相关学科中找出突破点，进而带动弱势学科的提高。

总之，面对学生的偏科现象，只要教师能够保持科学严谨、认真负责的态度，就能变弱科为强科，变差生为优生，从而影响或改变学生的一生。

第三节　学习困难

"不好"的学生在学业问题上的一个突出表现就是学习困难。学习困难是有原因的，日常生活中家长和老师应该多鼓励学习困难的学生，而不是一味地责备。总的来说，学生学习困难是由不同的原因造成的。

一、学习困难的原因

1. 注意力缺陷

注意力是人的认知系统的重要组成部分，是学习、记忆、思维、想象的基础，注意力出现问题会明显影响学习效果。据统计，注意力缺陷是造成儿童青少年学习困难的首要原因，占儿童青少年学习困难的6%，小学时往往被家长忽视，初中时便会严重影响学业。

注意力缺陷表现在如下几个方面：

（1）上课不能长时间集中注意听课、课下不能高效率地完成作业，学习成绩不稳定，忽高忽低；

（2）日常生活中丢三落四；

（3）与人交谈时，很少能听别人讲，爱打断或抢话；

（4）爱做白日梦和幻想、思维呈现跳跃性、对感兴趣的事能集中一定时间，对不感兴趣的事很少能超过15分钟；

（5）入睡后翻身、蹬腿等动作多，早晨爱赖床；

（6）初中开始学习成绩明显下降，在学习上有自卑感、无价值感和孤独感；

（7）长大后有不安全感，容易对网络、烟、酒、性成瘾；

（8）如不经治疗，成年后容易出现反社会人格、物质滥用、品行障碍、情感障碍等；

（9）容易出现躯体形式障碍，如口腔溃疡、咬手指头、胃肠不适、偏头痛、背部肌肉酸痛。

据统计，工读学校中65%的学生存在注意力缺陷，职业高中46%的学生存在注意力缺陷，监狱中70%的少年犯是存在注意力缺陷的。他们的注意力缺陷与他们的性格、自控能力、道德水准无关。因此，这些孩子多被误解，遭到不公平的待遇，在痛苦地挣扎，从某种意义上来说是家长的失职。

但注意力缺陷并不是一个十分可怕的问题，引导好了，注意力缺陷的孩子同样可以成功，甚至可以取得伟大的成绩。著名的科学家爱因斯坦和爱迪生都患有注意力缺陷；音乐家贝多芬也存在注意力问题；英国首相丘吉尔幼年时也存在注意力缺陷。奥运游泳冠军菲尔普斯就是一个注意力缺陷患者。

2. 情绪不良

情绪作为人的重要心理内容对人的认知和行为有明显的影响。在不良的情绪状态下，人很难有敏捷和清晰的思维，也会导致消极的行为，很难有强烈的学习动机和学习兴趣。

青少年，尤其是青春期的青少年，由于生理指标的迅速变化，导致情绪变化非常大、情绪很不稳定。生活中可能父母和老师随口的几句话、同学的一个动作或眼神就会对一个孩子的情绪影响很长时间。

常见的严重影响儿童青少年学习成绩的不良情绪有：

（1）抑郁情绪。表现为心情不舒畅、有压抑感、很少有喜悦感、

对周围事情的兴趣下降，不愿主动与人交往，感觉自己的前途暗淡，甚至会失眠、疲劳、出现躯体不适等症状。

（2）焦虑情绪。焦虑是一种内心的紧张不安，预感到似乎将要发生某种不利情况而又难以应付的不愉快情绪。在儿童青少年常表现为坐立不安，做作业不能持续，总想停下来干无关的事，心神不宁，但又找不到明确的方法解决和放下自己心中的不安。

（3）社交与场所恐惧。表现为：现实生活中没有朋友，不合群，交往困难，对新的环境难以适应，害怕见生人，难以与老师建立深入的关系，甚至恨老师。

3. 学习动机不足

动机是直接推动有机体活动以满足各种需要的内部状态，是行为的直接原因和内部动力，是激发有机体潜在力量的诱导因子。人类的行为几乎都是以动机作为驱动力的。动机可以激发人类的行为，使个体集中注意力进入活动状态；可以使个体集中精力有选择地进行某些活动，并使个体保持适当的行为强度，直到完成所选择的活动为止。因此，个体要从事某种活动，动机是必不可少的。

学习动机不足是青少年学习困难的一个重要原因。由于缺乏学习动机，他们不能认识到学习的目的，因此在学习上的注意力、坚持力就不足，无法很好地完成学习任务，造成学业成就低下，而学业成就低下导致了教师、家长对学生的期望值降低，学生的自信心受到打击，自我意识、自我成就得不到满足，进一步影响学习动机，从而形成一个恶性循环的怪圈，使他们在学习上的困难越来越多。

4. 学习方法和学习习惯问题

正确的学习方法和良好的学习习惯，也是保证学习效率，提高学习成绩的重要因素。不能掌握正确学习方法的孩子，在学习中有如下表现：学习无计划；不会科学的利用时间；不求甚解，死记硬背；不能形

成知识结构；不会听课；不会阅读；抓不住重点和难点；理论与实际脱离；不善于科学用脑，不知道用精力最好的时间学习最难的课业；不知道合理地利用左、右脑。因此老师和家长帮助孩子养成好的学习习惯，掌握正确的学习方法非常重要。

5. 意志力不足

学习意志力是与学习动机和学习兴趣关系密切的影响学习效果的因素。一个没有学习动机、对学习没什么兴趣的学生很难有很大的意志力克服学习上存在的困难。

6. 来自长辈、同学和同伴的压力

家长期望自己的孩子、老师希望自己的学生能够在学习上有一定的成绩，即使不能在考试中拔得头筹，也不能甘落人后。而学生之间有在成绩上的竞争，不论是明面上的考试成绩，还是私下的智力比较，学生都不愿比其他人差。因此，家长、老师、同学和自己给自己的压力导致"不好"学生的学习困难。

7. 身体因素

造成"不好"学生学业困难的身体因素有如下几个方面。

（1）没有充足、合理的热量。

充足、合理的热量摄入应建立在合理膳食结构基础上。通常早餐＋点心占一天摄入总热量的35%，午餐＋午点占40%，晚餐占25%。一般中小学生午餐和晚餐基本上都能满足营养的需要，但早餐就存在较大的问题。

举例：如果早餐是1个鸡蛋＋一块面包＋牛奶＋小菜，热量就可以维持到10点半以后，此时再补充一杯牛奶，就可以维持到12点。假如孩子早上7点吃一碗皮蛋瘦肉粥，其实到了早上8点50分就饿了。

大脑出现低血糖时，孩子就会表现出注意力涣散，长时间记忆力下

降，而且年龄越小，脑子对血糖下降的耐受性就越差。很多老师反映，学生在上午第三四节课出现小动作，开始开小差。可以说，科学营养的早餐是提高学习效率的关键之一。

（2）营养不良和低体重。

虽然现在在学生中营养不良的现象较少见，但低体重的孩子还可以经常看到。有些高个子的孩子，身材像豆芽，体重通常达不到标准。营养不良和低体重对身心发育都有不良影响，会出现轻度思维不活跃、创造性能力低下、外环境适应性差、抗疲劳能力下降等现象，很难激发强烈的学习积极性。

孩子的体重偏低与其生活饮食习惯有很大的关系，偏食、挑食、过多吃零食都是原因。值得注意的是，母亲与孩子的关系密切，她对孩子的饮食影响作用占到了 75% 以上，也就是说，如果母亲挑食，孩子也很有可能挑食。

（3）肥胖。

很多家长认为，孩子长得白白胖胖很可爱，希望孩子能多吃点长胖点。其实，许多家长不知道肥胖不仅对孩子的生长发育有影响，而且对孩子的学习也有较大影响。

由于体形肥胖、行动不便，往往和外界环境接触少，创造性受到压抑，持久性耐力下降，所以很多肥胖的孩子体育成绩不达标。不仅如此，肥胖还导致心肺生理机能和抗疲劳力低下。更为严重的是，肥胖的孩子往往受到其他学生的排斥和取笑，其心理受到压抑，容易产生情绪和行为问题。所以，家长要注意，在满足孩子生长发育需要的同时，要防止孩子肥胖。

（4）没有合理安排生活作息。

生活作息的核心是足够的睡眠、按时进餐、积极锻炼、活动性休息。通常小学生需要 10 个小时的睡眠，中学生需要 9 小时。

充足的睡眠能保证新陈代谢的顺利进行，促使生长激素正常分泌，充足的睡眠能使人精力充沛，是保证学习效率的重要因素。然而，目前许多孩子因学习压力大等原因，睡眠时间普遍不足，也缺乏体育锻炼。

（5）没有正确处理孩子青春期的身心变化。

很多家长反映，以前孩子什么话都和自己讲，现在话少了，有事也不和家长谈心，甚至不愿意家长过问自己的事情，一边是"我不要你管"，而另一边偏偏又要"管"，导致家长与子女之间出现矛盾。

家长与孩子之间应相互尊重、平等协商，而不是威逼。孩子出现追星、早恋、迷恋网络都不足为奇，关键是需要正确引导。

在青春期，孩子的性意识开始觉醒，虽然不会故意追求性行为，但容易受到诱惑，从青春期开始到结婚的年龄基本上接近 20 年时间里孩子都处在性等待期。在这段时间里最好的方法是对孩子进行科学的性教育，帮助孩子解除性困惑。

二、解决学习困难的方法

1. 找出学习困难的原因。

正像医生细心地研究病人的机体，找出疾病的根源，以便着手进行治疗一样，教师和家长也应当深思熟虑地、仔细耐心地研究儿童的智力发展、情感发展和道德发展的情况，找出儿童在学习上感到困难的原因，采取一些能够照顾个人特点和个别困难的教育措施。

2. 家长要及时和孩子交流沟通，以便"对症下药"。

家长要意识到考上名牌大学并不是孩子未来美好人生的最佳出路，并不是孩子一生的幸福，孩子的幸福在于孩子能够快乐度过每一天，所以作为家长必须能够意识到这一点，然后和孩子交流，给孩子减压，让孩子知道你的想法：只要努力去学，考不上大学并不重要，有许多人都没有上过大学，但一样获得了成功。要告诉孩子，只要自己努力了，无论将来做什么，爸爸妈妈都会相信自己的孩子会有所成就的。孩子只有在没有压力，轻松快乐的环境中学习才能够得到更快、更好的提高。

3. 不要给孩子增加额外的学业负担。

有些家长恨铁不成钢，为了让孩子的学习成绩尽快提高，不惜花费大量的金钱，给孩子报名各种辅导班，买大量的辅导材料，请专人家教。其实，这些都是家长的一厢情愿。无论是请家教，还是参加辅导班，家长一定要尊重孩子的意见和选择，如果孩子不同意，请家长一定要尊重孩子，并对孩子说："我相信，我们不请家教，你一定会通过自己的努力，学习成绩一定会有进步的，爸爸妈妈相信你！因为你是大人了，你已经完全可以独立了，对吗？"

4. 不要用物质补偿孩子。

很多孩子在学业上产生困难，是因为家庭原因。家长不关心孩子的学习，认为只要让孩子吃饱穿暖，有钱花，学习是他自己的事情。实际上，处在青春期的孩子十分敏感脆弱，他们现阶段更需要家长的理解和帮助，更需要家长的沟通与交流，更需要鼓励和表扬。只有家长对自己的孩子有自信，孩子才能够对自己更加自信起来！有了自信心，孩子才能够更好地为自己打气、加油、努力学习。

5. 让孩子在学习中找到快乐，找到自信。

如果孩子在不喜欢学习的情况下去学习，那他的状态肯定是非常不好的。只有改变孩子的学习心态，才能够使孩子的学习得到更快的提高。做到这一点并不是很容易的，家长要在日常生活中不断去激励孩子，表扬孩子，即使考试成绩很差，家长也不要埋怨孩子，更不要批评，因为低分数他自己就可以判断得出来，家长如若再进行批评和埋怨，那么孩子心理压力会更大，最后可能会导致破罐破摔的状况。

6. 教师要提升自己的素养，及时发现并矫正"不好"学生的学习困难。

帮助"不好"的学生克服学习困难，教师义不容辞，而且也具有得天独厚的优势。因为学生在学校里接触最多的就是老师了。通过上课、课下的辅导、课外活动等多种形式，教师可以觉察到学生的学业困难，而且可以根据学生特点以及学科特点因材施教。下面就是一位名师在对待学业困难学生方面的心得体会。

没有不好的学生，只有不好的教育

多年教育工作的实践，对儿童的脑力劳动和精神生活的研究使我深信：儿童学习困难，功课不及格，落后于别人，其原因在多数情况下是儿童在童年早期所受的教育和他周围的条件不够好。

学龄前期和学龄初期儿童的家长和教育者所接触的，乃是自然界里所有的东西中最精细、最敏感、最纤弱的一样东西——儿童的脑。如果儿童感到学习困难，如果别人都能够接受的东西他却不能接受，那就说明，他在童年时期没有从周围的人那里获得对于他的发展来说应当获得的东西。儿童正是在这个年龄期——从一岁到七八岁，变得头脑迟钝的。如果教育者这时候还没有看到、没有懂得这一点，没有去查明儿童偏离正常的智力发展的根源，那么儿童今后的智力生活中遇到的困难还会更加严重起来。而如果这些原因和根源经过调查、研究而弄明白了，那么就可以动用教育这一强大的力量，像治疗病人一样建立在同样严格的科学原理基础上的教育。

我们当教师的人应当记住：对于每个学习困难的儿童、不管他已经被耽误到了什么程度，我们都应当让他在公民的、劳动的、精神的生活道路上站住脚。我们的崇高使命就在于：要使我们的每一个学生选择这样一条生活道路和这样一种专业，它不仅是供给他一块够吃的面包，而且能给予他生活的欢乐，给予他一种自尊感。

我们应当有一种明确的认识：不管在学习上很困难的一个学生将来成为什么样的人，成为学者、工程师、哲学思想家、

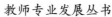

工人或者农民，他都首先要成为社会的公民，他有权利享受人生的幸福。

那些学习困难的儿童的理解力差和头脑迟钝，经常表现在他们缺乏求知欲和好钻研的精神。教师常常会感到莫名其妙甚至惊讶，有的儿童竟笨得出奇：答案就在眼前，只要你看一下，用思维的链条把两样东西连接起来，马上就能弄懂，可是学生却什么也看不见。但正是在学习困难儿童的智力发展的这一特点中，在他的求知欲迟钝、对周围世界视而不见的特点中，隐藏着一条线索，它能帮助有经验的教师抓到症结，找到使这些儿童得到智力发展的手段。

在学校工作的 36 年使我深信，在小学里对儿童进行教学，这首先就是教给他们观察和发现世界。请你们观察和研究一下一至四年级的教学和教育工作：孩子们靠自己独立的努力看见和发现了哪些东西？发展年幼儿童的思维，这首先就是发展他看见和观察的能力，就是通过对周围世界的视觉感知来丰富他的思想。教育者的任务就在于让儿童去觉察事物和现象中那些最细微的差别和变化，思考各种因果联系。到学校来上学的那些聪明伶俐的孩子，一般都来自这样的家庭，即父母都教会了孩子能看见极其细微的色彩和色调、运动和变化、各种事物和现象之间的依存性和关系。最积极、最紧张的学习，正是在儿童看见了什么新的、不懂的东西而感到惊奇的时刻进行的。

有些教师和学校领导人认为，要把学习困难的儿童"拉上来"，就得强迫他学会一定的教材。这种看法是大错特错的。有时候把事情搞糟的原因，正好就在于教师走了这一条错误的道路。不要强迫儿童尽量长久地死抠书本，而要培养智慧，发展大脑，教他去观察世界，发展儿童的智力，这一点是教师和校长永远不应忘记的。

还要谈到的一点是：当学习困难的儿童跟能力较强的儿童

在一起上课学习的时候，需要对他们加以特别的关心和有耐心。不要有一句话或者有一个手势使得这种儿童感到教师已经对他的前途失掉信心。在每一节课上，每一个学习困难的儿童都应当在认识的道路上迈出哪怕是最不显著的一步，都要取得一点点成绩。在几个星期里，也许在几个月里，不要让学习困难的儿童去完成跟班上大多数学生所做的难度相同的作业。让他去完成专门为他挑选的作业吧，并且评价他的成果。但愿你循序而进，持之以恒，同时要有耐心（能够忍受学习困难的儿童那种迟迟不肯开窍的局面），那可以称之为豁然开朗的时刻必定能够到来。

没有不好的学生，只有不好的教育

第四章 "不好"学生之
行为问题诊断

　　"不好"学生的行为问题指学生没有真正养成道德规范而产生的一些不符合道德要求的行为，一般指那些影响学生身心健康，阻碍学生智力发展，给家庭、学校、社会带来麻烦的行为。例如，有的学生过多的依赖父母，一离开父母就哭闹。有的学生任性，说一不二。有的学生总是沉默寡言，孤僻离群，老是躲着别人自己坐在一个角落。有的学生好斗，不顾后果，动辄出手打人。有的学生依恋于网吧，影响学业。有的学生以强欺弱，勒索同学钱物。有的学生抽烟酗酒，以显示自己长成大人，影响身体健康。这些行为尽管出现在少数学生身上，但他对学生身心健康、对学生个性的形成甚为不利。家长和老师要及时"诊断"和防治"不好"学生的行为问题，让他们健康成长。

没有不好的学生，只有不好的教育

第一节　"不好"学生行为问题的表现和成因

一、"不好"学生问题行为产生的特点

青少年时期是个体生理和心理发展的特殊时期，他们的独立意识迅速发展，但由于他们对道德标准的认识比较薄弱，分辨是非的能力也较差，因而其对各种消极、错误或违法行为缺乏辨别和抵制能力，容易产生问题行为并导致学习不良。其问题行为的产生主要有以下特点：

1. 突发性

青少年意志薄弱，自制力差，他们的思想具有很大的可塑性，因此其行为常缺乏事先的充分考虑、酝酿和计划过程，只要其受到某种影响或刺激，就可能会立即萌发出犯罪意图，并快速地发生偏离行为，而非将注意力集中于学习，长久的沦落其中便很容易导致行为不良。

2. 模仿性

青少年求知欲旺盛，好奇心强，喜欢模仿，但同时他们又缺乏较高的道德识别能力和自控能力。影视剧中的打斗凶杀情节，特别是那些所谓的英雄人物或青少年所崇拜的明星角色所表现的暴力行为，比较容易为青少年所认同、学习和模仿。调查显示，不少青少年的犯罪动机和犯

罪手段都与模仿影视剧中的影视人物有关。这些人物极少以学习优秀的面孔示人，对青少年有不良影响。

3. 易变性

青少年行为意识不深，原本动机不稳定，自控能力弱，一旦受到诱惑，便会迅速产生不良行为动机。若遇到某一特殊情境发生变化，他们往往情绪激动，在短暂而模糊的意识中就可能会促使其初始动机发生转变。

4. 盲从性

青少年随意性比较强，在外界的影响下，常会放弃自己的意见而采取与众多同伴一致的行为。几个青少年聚在一起，若有一个滋生不良之念，则其他人很容易盲从。长此以往，若学生们沉浸于这些不良行为，对其学习和生活的影响是巨大的。

二、问题行为的表现和成因

目前，心理学界对问题行为有不同的分类。主要观点有这样两种：

一种是将问题行为分为：智力活动问题行为（例如学业困难、逃学、厌学、抄袭等）；情感问题行为（如上学恐怖、学科恐怖、考试恐怖、师生关系恐怖等）；人格问题行为（如性格孤僻、粗暴，反社会行为，品德不良行为，成瘾行为等）；青春期问题行为（如青春期自闭症、青春期逆反心理等）；习惯性问题行为。

另一种是将问题行为分为：反约束型问题行为（如上课迟到、早退、喧哗、起哄、考试作弊等）；对抗性问题行为（如恶意中伤、打架斗殴、破坏公私财产等）；自抑型问题行为（如对学习失去兴趣而自暴自弃，无休止的自怨自责，长期不能自拔，性格孤僻，拒绝与人交往，失落）。

"不好"学生的问题行为具体表现为以下方面：

没有不好的学生，只有不好的教育

1．抄袭、作弊

抄袭和作弊都是一种意义缺失和责任缺失的行为表现。

抄袭的发生往往基于这些因素：

（1）课业负担太重，为完成任务而抄；

（2）能力不够，但迫于家长和老师的压力而抄；

（3）甚至有些同学是为了作业全对，少被老师批评而抄袭。

作弊是一种极不道德的行为。其产生根源有：

（1）家长、老师的高期望值；

（2）极强的虚荣心，如一个年级第一名的学生考试作弊就是为了保住年级第一名；

（3）投机取巧心理和不劳而获思想，平时不努力学习，想通过考试作弊来取得好成绩。

2．课堂扰乱行为

课堂扰乱行为是一种反课堂规则的行为。课堂扰乱行为的原因：

（1）好动的学生常受批评产生抵触情绪而不断扰乱课堂。

（2）教师对有捣乱行为或学习不良的学生总是抱有厌恶态度，极少关心、注意和鼓励他们，认为他们"不可教也"。这样，学生会由于孤立、缺乏关注，而"破罐破摔"地更加捣乱，以此来满足自己需要他人注意的情感体验。

（3）学习基础差，知识有漏洞，对学习不感兴趣。那些学不进去的学生坐在教室有如坐牢一般痛苦，他们刚上课时就盼望下课，开始还好，只要坐了一会，如老师讲的东西不能吸引其注意力，他们就会坐立不安，往往做出与课堂不相符的事情来。

3．攻击性行为

攻击行为是人类一种较为普遍的行为方式，但在青少年时期则表现

得特别突出和明显。青少年学生的攻击通常采取打、推、勒索等方式，也包括取外号、讲下流的故事等。在形式上，攻击表现为直接攻击（包括直接身体攻击，如打、踢和直接言语攻击如辱骂、起外号）和间接攻击（如背后说人坏话，群体排斥等）。和直接攻击相比，间接攻击更加隐蔽，发生的比率也更加频繁。

缺乏温暖的家庭，不良的家庭管教方式以及对子女缺乏明确的行为指导和活动监督都可能造成子女以后的攻击性行为。学校的反攻击性的条例、教师对攻击的态度和对攻击行为的处理等都会影响到攻击性行为的发生。当具有群体攻击倾向时，个体的攻击行为发生比率也就大大提高。挫折、受排斥、与同伴关系差、社交技能缺乏等社会心理因素会导致学生产生攻击性行为。另外，通过传媒，学生学会了一些攻击性行为方式，并使学生放松了对攻击性行为的抑制，从而使暴力"合法化"并习以为常。总之，学生攻击行为往往是由家庭、学校、社会、传媒诸因素引起的。

4. 离家出走

离家出走主要是由以下因素引起的。

（1）学习困难，产生厌学情绪，但又有来自家长、老师的压力，作为教育者又不能根据实际情况，一味地过于严格要求。

（2）家长、老师不切实际的高期望值。

（3）家庭教育的简单粗暴，亲子关系紧张，缺乏沟通与理解。

（4）受到不良信息和他人的影响。

（5）要挟家长、老师，以便放松对其管理。

5. 早恋

早恋是青少年学生性成熟后的一个表现。早恋的出现因素很多，主要有：

（1）缺乏正确的人生观和价值观，部分学生学习不好，转而去谈

恋爱。

（2）对过早恋爱的影响认识不够，有部分成绩优秀的学生认为恋爱可以促进双方的学习进步。

（3）从众心理。认为别人谈恋爱而自己不谈，是跟不上时代发展的潮流。

（4）虚荣心理。不谈恋爱会被人认为自己没有魅力。

（5）家庭矛盾重重，缺少关爱，想通过恋爱来寻求情感依托。

（6）不良影视片刺激青少年学生的性冲动。

（7）逆反心理。本来男女同学的正常交往是正常的，但却被父母或老师无端干涉，为赌气而恋爱。

6. 网络成瘾

网络给人们带来了无穷的方便，但由于青少年学生的自控能力不够，网络现在已经对青少年学生健康成长产生了一些负面影响，因为有些青少年学生已经有了网瘾。青少年学生网络成瘾主要是由于：

（1）家庭教育不当，父母对子女的行为缺乏应有的有力监控。

（2）人生目标不明确，甚至是人生目标的丧失，没有正当的兴趣爱好，不能面对现实，逃避人生，喜爱生活在网络的虚拟空间中。

（3）不良网络信息的影响，缺乏辨别是非的能力。

（4）意志品质差，不能控制自己的欲望。

【案例】

一、个案身份

姓名：王晓鸥

年龄：11 岁

性别：男

年级：六（5）班

二、个案的问题行为：

1. 待人不友善，好欺负女同学：行为霸道，不顾他人感受，自己爱怎样就怎样，经常无故动手殴打其他班或本班女同学，有时还会打伤其他学生。

2. 无心向学：上课不专心，不听讲，搞小动作，经常在课堂上左顾右盼，影响他人上课，不按时完成作业，学习成绩差。

3. 好吃零食，乱花钱，浪费严重。

三、个案的背景资料：

独生子女，父母文化程度较低，只有初中文化程度；家庭条件较好，因为其父亲经常跑车，收入不错；据说从上小学时，其任教老师就反映其不服管教，野性难驯，经常招惹其他学生，学校经常通知其父亲到校调解事端。进我班后，多次被反映欺负别班女生。

四、父母管教情形

这个学生小时候父母在外打工，由爷爷奶奶照顾，疏于管理；父母平时对孩子关心管教不够细致，太宠爱；对其言行缺少正确的引导，任由其发展，但每次在案主遭人投诉或犯下大错时，就会给予严重的打骂和体罚，开始案主还会有一点害怕，有所收敛，但不用几天，依旧我行我素，而且情况日益严重。

五、与老师、同学相处的情形：

在班主任面前表现得比较老实，有时对班主任的话也能听得进去，上课时一般不会捣乱。对其他科任老师则根本不放在眼里，任课老师们对他放任自流。同学们不敢惹他。

六、个案的性格特点：

容易激动，脾气暴躁，患有多动症，贪吃贪玩，不吃半点亏。学习怕困难，但有点聪明机灵。

七、问题分析与诊断：

第四章 「不好」学生之行为问题诊断

个人因素：性格放纵，不受约束，性情变化无常为其行为不良的主因。其聪明机灵，善于察言观色又使之显得狡猾善辩，不承认、不反省自己的错误行为。

家庭因素：家长的教育方法不当，缺少家庭温暖，缺少正确细心的引导和良好的表率作用。

学校因素：对案主未能跟踪教育，老师之间未能达成共识，采取一致的教育方法。案主对学习已失去兴趣。

八、辅导策略

1. 归因训练，对案主进行全面的情况分析，引导其作出正确的归因，发现自身优点，找出自我效能感，增强信心。

2. 与案主建立良好的帮教关系。

3. 教给案主战胜困难、克服缺点的方法。

4. 与任课老师联系，采取一致的适当的辅导。

5. 引导结交益友，利用同伴帮助，达到潜移默化的作用。

6. 使用强制手段，约束案主的不良行为。

7. 与家长密切联系，全方位了解案主，配合教育。

8. 尝试以书籍、音乐等的影响力来改变他。

九、辅导经过：

1. 建立良好的帮教关系。

作为班主任，我经常利用早上、上课及课余时间，多与案主接触沟通。上课时，尽量多提问他，多给他表现和发言的机会，并对他进行适时的鼓励和表扬。这样做，一来让他感受到老师对他的关注，二来帮他树立自信心。下课后，还经常与他聊天，利用他好动的特点，找一些事给他干。在密切的接触过程中，我遵循一条原则：在帮教关系中，无论是认识还是情感，我都是以忠诚、真挚的态度对待他，树立个人的完整性和可信赖性，使自己成为受教育者喜欢的人，成为对受教育者有吸引力的人，消除案主的敌意和戒心，理解老师的善意。

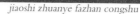
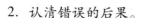

2. 认清错误的后果。

通过导入式或自我想象的方式让案主去想象犯错误后的后果，这样多次的反复后，自觉地对自己的言行加以控制，降低犯错率。有一次，他打伤一名女生，赔偿医药费花了近百元，我就开导她，假如失手把别人的胳膊打断了怎么办？眼睛打坏了怎么办？让他认清所犯错误带来的严重后果。

3. 提供学习榜样。

提供可模仿的老师、同学的榜样示范来增强行为的认知。如把案主跟优秀学生编在一起坐，编在一个学习活动小组。

4. 激励法。

在辅导中，多用奖励的方法，激励他。如在老师那儿借书，实现他的一个愿望，奖给学习用具、纪念品或带他去参加某一项活动、社会实践等。

5. 换位思维法。

这种方法是我在实施整个帮教过程中使用最多的，也是最主要、最见效的方法。换位思维就是站在别人的位置想问题。例如，当你发脾气打同学，扔同学的东西时，你要站在那同学的位置上，想想那是一种怎样的感受。换个角度想问题——就是同一件事，从不同的角度想就会有不同的结果。例如老师的批评，表面上看是一件很没面子的坏事，但我们可以从另一个角度想：这是老师在关注着我，说明老师对我的关心，别的同学上课也开小差，老师都没注意他呢。案主如果能换个角度想问题，很多问题就会迎刃而解了。

6. 调动多方因素。

与家长联系了解案主在家中的情形；与任课老师联系，利用巡堂的机会了解案主上课的情形；向其他同学了解平时的情况。

7. 挫折教育。

经常找案主谈心，告诉他人的成长过程没可能是一帆风顺的，都或多或少遇到一些困难和挫折，并给他假设一些事例，如当同学冤枉你昨天没有做好值日生工作时，你怎么办？当你要求父母给你买一双名牌运动鞋，而他们不答应时，你怎么办？……通过这些假设挫折教育，使案主懂得在不如意，受挫折时候该如何正确处理。

十、辅导成效

通过近一个月的精心辅导，问题学生王某在行为表现上出现了极大的好转，现在，他在课堂上基本能安静下来听老师讲课，有时还能积极举手发言，作业积极上交。殴打别人等行为也基本得以控制，也开始主动结交朋友了，其父也向我诉说他比以前有了很大的改变，可以看得出来，案主已有改正的决心，在平时的言行中能努力克制自己，这是非常可喜的。作为班主任，还要进一步观察和调整策略，以使其真正改掉不良行为，走上正轨。

第二节　解决"不好"学生问题行为的思路和方法

一个人的行为是个人因素和环境因素综合作用的结果。"不好"学生的问题行为，构成了对社会、学校、他人和自己不利的行为模式，并产生一定的消极作用，必须引起家庭、学校和社会的重视，并予以解决。

一、从学校层面考虑，解决问题行为的思路和方法

1. 加强心理健康教育和青春期教育

培养学生具有健康的心理品质和良好的行为习惯有着十分重要的意义。俗语说："从善如登，从恶如崩。"培养良好的心理素质和健康的人格绝非易事。学校可根据青少年学生心理发展的不同阶段（或不同年级）的特点，科学地、系统地进行心理卫生知识的教育，使"不好"学生在遇到问题时能正确归因，加强自我疏导，开展好生理卫生课和青春期讲座，对青少年学生不成熟的性心理加以指导。

2. 加强常规养成教育，开展法纪教育

俗话说："没有规矩，不成方圆。"学校要通过加强常规养成教育和法纪教育，使学生养成良好的行为习惯，使学生明白什么可为，什么

不可为；可怎么为，而不可怎么为。奖惩结合，教育学生虽说是以教育为主，但没有适当惩戒的教育不是真正的教育。适当的处罚，使学生明白要对自己的行为负责，同时也教育其他学生，从而减少学生问题行为的出现。

3．加强科学管理，优化学习环境

学校的一切工作都要以培养人为宗旨，优化育人环境。首先，要建设一支高水平的师资队伍。其次，要建设良好学风。学风是校风的重要组成部分，一个学校的校风对学生学习有较大影响。学校形成了纪律严密，勤奋好学的班风、校风，通过从众、暗示、感染等机制影响学生，就会激发那些学习动机不强的学生奋发图强，减少学生的问题行为。其三，不断优化学习环境，为学生提供一个轻松愉快、和谐的学习环境，让他们在自身的内在要求下刻苦学习。

4．加强对学习困难学生的帮助与教育

（1）归因训练、正确分析和明确原因；

（2）加强技能培训和学法指导；

（3）教育者要有爱心、信心和耐心。对于情感因素造成学习障碍的学生，应着眼于疏导。

（4）起点要低，目标要明，速度要慢，及时表扬，体验成功。注意激发学习困难学生的潜能和其他优势，唤醒他们的自信心，转变他们的思想认识，让他们体验成功的喜悦，坚定继续努力的决心。

（5）运用家长学校、家访、家校联系卡等活动和形式，积极进行学校和家庭的交流，改变学生的心理和环境。

5．加强群体整合

充分利用心理学上的趋同效应是进行群体整合的一种有效方法。所谓趋同效应是个体与群体或群体中的多数成员保持一致的倾向。群体总

没有不好的学生，只有不好的教育

是通过种种方式（规范、舆论、教育、奖惩、人际关系的亲疏……）来鼓励趋同者，排斥或惩罚不趋同者或反趋同者。个体通过趋同行为满足归属需要和安全需要，从而更好地适应外部环境，求得生存与发展，实现心理平衡。

青少年的归属感十分强烈，他们迫切希望为集体所接纳，希望在集体中占有合理的地位，乐于参加集体活动，乐于与同龄伙伴交往。如他们随时都会感到"我是××学校的学生"，"我是××班的成员"等。由于个体强烈的归属感，如果个体一旦偏离群体规范，就会受到群体的惩罚，就会受到心理上难以忍受的群体疏远和孤立。这种无所归属，无所依附的失落感，是群体压力对偏离群体规范的个体施加的最直接、最有力的威胁。学校、班级可以通过开展丰富多彩的集体活动来加强群体整合。

6. 调整学生的角色地位

北师大金盛华在《差生教育的角色改变方法研究》中提出：差生之所以长期落后是因为存在一个消极的角色动力模式。角色地位低下常常是造成后进生产生消极行为模式的一个重要原因。角色地位的改变会改变学生的自我观念，增强其价值感，提高自尊心，从而调动起学习积极性。

7. 加强青少年学生的人际关系指导

青少年学生最重要的人际关系包括伙伴关系、师生关系和亲子关系。我国著名心理学家丁瓒教授早就指出："人类的心理适应，最主要的就是对人际关系的适应；人类的心理病态，主要是由于人际关系的失调造成的。"

12～16岁的青少年学生十分看重伙伴关系，在青少年学生的烦恼中，伙伴关系占重要地位。

师生关系是青少年学生的一种重要人际关系，师生关系中，教师是矛盾的主要方面，起着主导作用。师生关系的好坏，主要责任往往在教师。教师影响着学生，在一定程上决定着学生发展的方向。教育过程就是师生交往的过程，没有师生交往，就没有教育活动本身的存在。教师的工作作风对学生影响极大，一般说来，民主的态度，会引起学生对教师友好、合作的态度，而专制或权力的态度，可能使学生顺从，也可能使学生对抗。

父母是子女的第一任老师，父母的教育方式或教育态度直接影响亲子关系的好坏，从而也在某种程度上影响学生的个性发展。

二、从教师的角度考虑，解决问题行为的思路和方法

1. 关爱"不好"的学生

爱是教育的出发点和前提，只有真爱学生，才能走进他们的内心世界，才能实现沟通和交流，才能发现他们的问题所在。

爱学生的前提是理解他们，爱一定要真诚，不能有太多的功利色彩，否则会引起学生的反感，那样则会事与愿违。现在孩子的身上缺点很多，却很少被准确定位，从而被教师理解，被家长分析，就连学生本身也难以发现。相反学生却存在自卑、自负、逃避家长和老师关注，对班级和同学漠视，自以为是等问题，如若教师不能真心关爱学生，我们不难想象他们未来的发展是多么的令人担忧。对于关爱，具体来说，要做到如下几点：

（1）真心交流，用心体味，换位思考，感受他们的感受。

（2）包容不等于纵容，只有包容，才有可能将问题解决，纵容和惩戒只能使青春期的孩子走向极端。

（3）书信交流，是人与人之间久违的交流方式，对"不好"学生更显教育魅力。

（4）关爱生活，其实是关爱生命。

（5）对"不好"学生抱以美好的期待。

只有全方位地关心、理解、尊重和支持学生，才能在师生之间架起情感沟通的桥梁，教师才能走进学生的内心世界，引领学生，共同和学生解决问题，矫正学生的行为。

2. 君子协定

学生的感情纯真，好面子，特别是在同学和老师面前，因此，君子协定比生硬的目标更具人性化，更有利于教育工作的开展。

（1）不回避问题，并积极归因分析，客观而准确地定位问题所在。

（2）制订问题解决的具体计划和办法，定期总结、反馈并调整计划。

（3）协定内容要具有可操作性，目标要有梯度和可实现性，要符合"最近发展区"理论。

（4）得到家长的支持和悄无声息的关注。

（5）对他们的进步和成功，及时地表扬和鼓励。

（6）帮助学生逐渐建立自信心，体会成功感受，形成积极人格特征，主动消融问题。

3. 强化理论

正强化的目的是为了建立一种适应性的行为模式，如果采取奖励的方式，优良的行为会重复出现，并保持下来。在改变学生主动地控制自己的行为的过程中，要重视强化。学生每天在学校的学习生活，都要有始有终。每天学生都要翻开新的一页，每天都要反思一天的表现，并在明天做得更好，教师要根据学生的表现达标情况及时地表扬、鼓励并阶段性的进行公开表扬。从而使"问题"被淡化，被遗忘、被抛弃。

4. 自我训练

处在青春期的学生，自我约束是形成良好人格的重要指标，自我约束水平的高低，是学生心理成熟的重要标志。所以，教师要在教育教学活动中，创造条件以利于学生进行自我约束。例如学生上课说话，问题在于不能集中注意力，所以教师应在上课中间根据情况适当地给这些学生发言和行动的机会。

（1）在课堂上设置若干问题，采取"问题—探究—问题"的教学模式，为他们提供关注学习和放松的机会，让学生积极参与到课堂教学中，最大限度地实现"学生是课堂的主人"。

（2）用静默训练的方式进行自我训练并加强大量浅显问题的时间训练，以养成静默习惯。

（3）学习思考的方法和习惯，提高问问题的水准和层次。"教"的目的是为了"不教"，教会学生学习的方法，为培养学生终身学习奠定基础。

5．心理咨询

给全体学生进行心理咨询，是教师教育工作的必要组成部分，比如学生发现自己心情莫名其妙的糟糕；发现最近总受到同学的嘲笑；或者老师很久都没找自己了，尽管在课堂上和作业中存在很多小问题；或者生活上存在困难和困惑等等，教师都应该鼓励学生走进心理咨询室，就像我们平时生病一样，不一定非得了什么不治之症才要去医院，哪怕是普通的感冒也要一定对症治疗。

遗憾的是，作为教师，我们却常常忽略学生的小"感冒"，等到学生"病入膏肓"，老师才发现自己已经束手无策。所以，老师要特别注意学生的小问题，及时沟通并采取一定的手段进行治疗和预防，就像我们感冒，要坚持一个星期的药物治疗才会好转，心理上的问题也毫不例外，甚至周期会很长，我们教师要有这样的准备，更要得到"心理咨询师"的专业帮助，切不可自作主张。

6．艺术化激励

激励的作用，相信多数教师都有很多感悟，但是不是每位老师都能把批评和激励恰如其分的运用。成功的激励应该让"不好"的学生感动，而不是欣喜；成功的鼓励应该是让他们震惊，而不是奇怪；最成功的激励是让他们流泪，而不仅仅是脸红。所以激励是一种艺术，是在恰当的时机、恰当的场合给予极大的鼓励。鼓励既不吝啬，也不能泛滥，鼓励才有价值，才能实现激励的作用。你可以在他最困难的时候给他帮助，你可以在他最无助的时候给他安慰，你可以给他写一封长信，你可以给他留个便条，你可以送给他一个小礼物……前提是，你没有理由。你当然可以批评他，在你没有吝啬对他的表扬之后，但最好让他自己想好了，写出来比说出来更深刻，说出来比写出来更困难，不能强求他交代问题，那样做只能形成他的挫败感。

"不好"学生的行为问题是客观的，是我们要时刻面对的，同时也是动态的，发展的，我们既要认识到问题的存在，又要认识到问题的变化，并不断调整我们的思维方式，认识问题的角度，改进我们的教育途径和策略，才能更好地转化学生存在的问题，不可忽视小问题，小问题蕴藏大智慧。

【案例】

一名六年级的男学生，在四年级时由杭州一所名校转入，初见这孩子，虎头虎脑很可爱。然而，从第二天开始，来告他状的同学络绎不绝，虽然我及时了解情况，并对他进行批评教育，但是效果不佳。一学期下来，他打遍了全班无敌手。全班同学对他是"敬而远之"，让老师头疼，我班其他家长甚至要联名写信，要求学校出面勒令其退学。尤其令人气愤的是学期即将结束时，又发生了"尿湿试卷"事件，更引起我的重视，我决定换个角度去思考和解决问题。

首先，我从了解他的家庭入手。他的父母虽然都受过高等教育，但是，一直分居两地，30多岁才有了这个孩子。他们同学的孩子大多已经上大学了，有的甚至大学毕业了。相比之下，年龄偏大的父母会更加疼爱孩子，甚至溺爱。

其次，父母对子女教育不能达成共识。孩子的母亲在县城机关单位工作，因为，她总觉得自己小时候经常被别人欺侮，吃了许多亏，她不能容忍自己的孩子再受到任何委屈。所以，孩子在和别的孩子闹别扭时，她支持孩子一定挣赢，宁愿让孩子打了别人自己去赔礼道歉，也绝不能让孩子吃亏。她曾是一名基层妇女工作人员，由于职业习惯导致她对孩子教育的偏差。她很会讲道理，但是，她却用这样的工作方法来教育不懂事的孩子。

孩子在 0~6 岁，她采取的是放羊式教育，她不知道这个时期对孩子的一生影响有多么重要，孩子的许多是非观念、性格都是在这阶段初步形成，俗话说：从小看大，三岁至老。

孩子上小学了，她采取的是高压式教育，孩子有了学习的任务和压力，会出现一些不良的反应，一旦孩子在学校犯了错，不问青红皂白就是一顿暴打，而孩子却被打得不知所措。

母亲这种态度反差之大给孩子的心理带来比较明显的挫折感，影响了孩子的人格发展。由于母亲对孩子很凶，家庭里缺少父爱和温暖，一味地强调孩子的缺点，冷淡、嘲笑、挑剔、恐吓孩子，甚至对孩子施以暴力，从而引起孩子的紧张和不安，孩子开始消沉，对任何外来的爱抚和温存表现出强烈的抗拒行为，从不温和地正视事物，行为生硬而激烈，当受到严厉的惩罚变得异常不安分，因此，有时就将这种惩罚转嫁到别人身上，以寻求野蛮的乐趣和心理的平衡。他曾经烧毁过邻居晒在外面的一竹竿的衣服、被子，曾经故意把鼻涕放进同学的文具盒……

虽然，这孩子在这里有时被妈妈打，但是这里毕竟是他生长的地方，有一起长大的玩伴，有熟悉的生活环境，还有已经适应了的生活节奏，孩子与为数不多的意气相投的小伙伴玩得倒也自得其乐。孩子的父亲在南京有着一份相当不错的工作。父亲觉得孩子应该接受更好的教育，于是，他不顾妻子的反对和孩子的不乐意，一意孤行，将孩子转入南京一所有名的贵族学校，这是一所封闭式学校，有一流的教学设备，一流的师资力量，一流的教学水平，每天孩子早上到学校，晚上才由家长接回家。本来一直和妈妈生活在一起的孩子，到了一个全新的环境，并且又和妈妈分开。父亲由于工作忙，也不能经常和他沟通，把他交给保姆代管。虽然他内心渴望与别人交流，但是，生活的不适应，环境的不熟悉，加上不知道如何与人相处，不被同学接受，就开始拳脚相加，同学都不敢和他玩，于是就被动地封闭了自己。最后，父母迫不得已，将他又转回我们学校，留级到我们班。

了解到这些情况之后，我便开始了转变他的工作。

第一步是要取得他父母的支持和配合。对于这样一个孩子，我能接受，他的父母很是感激，而且我还试图要改变他的现状，他的父母更是喜出望外，因为每个父母都希望自己的孩子是优秀的。他父母积极地配合我分析了他性格形成的原因，找到自己在教育上的偏差和错误，制订了一个"改变计划"：

①父母必须改变对他的态度，重新调整教育方法，对孩子要有耐心、信心和爱心，信任和尊重他，给他及时的肯定和鼓励；

②学校、家庭相结合加强对其是非观念的教育，明确哪些事的危害性，是绝对不能做的；

③引导其正确地与同学交往，减少与同学之间的摩擦，为他的健康成长营造一个良好的环境；

④鼓励他多参加活动，为他创造展示才华，为集体争光的机会，培养他的责任感、荣誉感，体验成功的快乐，让他能融入这个集体。

　　第二步就是找到对其教育的突破口（即他的"软肋"）。他最怕就是回南京上学，有了这个弱点，就可以开始实施计划了。为了不回南京上学，他愿意接受父母、老师和同学们的帮助。明确地告诉了他，诸如"尿湿试卷"、"文具盒装鼻涕"……这类事件的恶劣性，并要求今后绝不允许发生，如果发生，这个班级就不再留他了。计划在一步步实施，并且取得明显的效果。在同学们的帮助下，在父母、老师的鼓励下，四年级第二学期，他已经做到了不和同学打架。对于这样的进步，我们都给予了热情的鼓励和表扬，并不失时机地提出更高的要求，他更是欣然接受了！

　　接下来的计划实行起来就更加顺利了。到目前为止，他代表班级参加了校级运动会、参加过学校的书法比赛、奥运知识竞赛，学习成绩也有明显的提高，特别是已经有几个好朋友了，现在还能主动洒水、扫地，关心班级卫生。

　　看着这孩子的改变，看着他脸上渐多的笑容，我的心里感到些许安慰。但是，对独生子女行为问题的教育仍是一个越来越严峻的课题，需要我们不断地探索研究。

第五章 "不好"学生之心理问题诊断

　　中学时期是人生成长的重要阶段，是心理健康发展的关键时期。然而，面对现代社会竞争的加剧，教育的局限，家庭教育的弱化，不少的中学生不同程度地存在各种心理困扰和障碍，影响其健康发展。近年来，众多学者对青少年心理健康状况作了大量的调查和研究，结果发现我国青少年学生心理健康状况令人担忧。尤其，中小学生因心理问题而引发的自杀问题严重且导致犯罪率不断上升，犯罪者的平均年龄呈下降趋势。作为教育工作者，如果我们的眼睛只盯着学生的升学、就业，而忽视了他们的心理健康，忽视了他们的潜能开发，那么无数的人才资源将被悄悄损毁，更不必说一系列可怕的后果。这并非是危言耸听，更不是杞人忧天。

教师专业发展丛书
jiaoshi zhuanye fazhan congshu

第一节 "不好"学生常见的心理问题

没有不好的学生，只有不好的教育

我们的老师和家长常常认为"不好"的学生学习成绩不好，行为不端，便头疼医头，脚痛医脚，殊不知，如果仔细观察和分析，就会发现，这些学习问题和行为问题背后往往隐藏着深层次的心理问题。

最近几年，许多教师反映，虽然物质生活越来越好，但是现在的学生，尤其是中学生的心理健康问题越来越严重，越来越常见。有的学生"做事情容易紧张"，有的学生"对一些小事过分担忧"，有的学生感觉"人与人之间的关系冷漠"，有的学生"在心情不舒畅时找不到朋友倾诉"，有的学生"对考试过分紧张"等等。因此认真分析研究中学生的心理健康状况及产生心理问题的原因，提出相应的对策，以提高中学生的心理素质和社会适应能力，是广大教育工作者所面临的一项紧迫的任务。

一、"不好"学生常见的心理问题

心理健康是指各类心理活动正常、关系协调、内容与现实一致和人格处在相对稳定状态。说得通俗点，心理健康的标志是：身体、智力、情绪十分协调，人际关系良好，能适应环境，有幸福感，在学习、工作中能充分发挥自己的能力，过着有效率的生活。

在我国，"不好"学生常见的心理问题具体来说有以下几种。

1. 依赖心理

当前，独生子女学生越来越多，日益成为在校生的主体。他们有的在"糖水"里长大，从小受到父母的百般呵护、溺爱、娇宠，好比温室里的花朵，缺少独立意识，什么事情都要依赖家长。

2. 自负心理

主要是由于父母的过分溺爱和娇宠，独生子女成为整个家庭的轴心，总认为自己比别人强，总想事事占先抢头，容不得别人超过自己，认识不到"山外青山楼外楼""强中更有强中手"。他们一旦遭遇挫折失败，受到委屈，往往意志脆弱，承受力差，痛苦不能自拔，甚至走上绝路。

3. 自私狭隘心理

表现为心胸狭窄，自私自利，常为一点小事而斤斤计较，把个人利益看得过重，经常感到委屈、吃亏而郁郁不乐，具有较强的报复心理。

4. 自卑心理

自卑心理是指学生由于各种原因对自己的品质、智力、能力等感到怀疑并做出过低评价所产生的心理感受。自卑心理一旦形成并得到发展，就会对人的心理过程和个性心理产生日益显著的消极影响，特别是中学生尚处于心理发展不稳定的年龄阶段，自我否定意识更容易引起情感情绪的巨大波动和思想观念的急剧变化，严重影响其学习和生活。

5. 抑郁心理

抑郁心理是中学生较常见的一种心理失调症，是中学生感到无力应付外界压力而产生的一种消极情绪。处于抑郁情绪状态下的中学生，经

第五章 「不好」学生之心理问题诊断

常生活在焦虑的心境中，他们内心孤独却不愿向同学、老师和家长倾诉。

6. 孤僻心理

主要表现是喜欢独处，不愿与他人接触，沉默寡言，内心产生压抑、苦闷。这种心理往往严重影响了同学之间、师生之间以及学生和家长之间的正常交流，造成彼此之间的心理隔膜，影响人际交往，往往使学生陷入孤独无助的境地。

7. 焦虑心理

焦虑心理是一种以担心、紧张或忧虑为特点的，复杂而延续的情绪状态。当人们预期某种危险和痛苦境遇将发生时，通常都会产生焦虑反应，这种焦虑反应是带有普遍性的正常的适应性反应。然而，焦虑的程度过于严重时，就变成了惧怕，人的主观感觉就变得紧张不安，易产生不愉快预感。

8. 恐惧心理

是指对某种特定对象或境遇产生了强烈、非理性的害怕。而实际上这类引起害怕的对象或境遇，一般并不导致危险或威胁。对某一特定事物或现象的特殊害怕，是中学生最为普遍的恐惧心理。

9. 易怒心理

所谓易怒就是指容易冲动、急躁，爱发脾气，喜怒无常，报复性强，常有干危险、愚蠢事的冲动，事后冷静下来又后悔。现实生活中，有些中小学生常常会出现这样一种情况，本来只是一些鸡毛蒜皮的小事，在别人看来不以为然，而他却犯颜动怒，火冒三丈。

10. 逆反心理

一些学生对外界的刺激常产生与常态相背的心理反应，与他人交往采取不合作的对抗态度，对老师、家长的教育感到厌烦甚至顶撞。

11. 嫉妒心理

这是一种恐惧或担心他人优于自己的心理状态。这种心态重点中学的学生尤为明显。

12. 猜疑强迫心理

表现是遇事多疑、疑心太重。这类同学不能与同学正常交往、和睦相处，久而久之，造成情绪上的不稳定，意志消沉，缺乏自尊自信等。

二、由心理问题引起的其他问题

对这些具体的心理问题进行提炼总结，可以得出中学生目前由心理问题引起的问题有几大类：

1. 学习类问题

因学习而产生的心理问题是中小学生心理问题的主要部分，其问题有：

（1）学生学习的心理压力增大，并造成诸多生理问题。

目前一些学校在片面追求升学率的指导思想影响下，学校当中分好、差班，考试排名次，搞题海战术，采取一些违反心理健康原则的教育方法、教学手段和教育措施。这种情况，一方面，使学生的心理整天处于一种智力超负荷的高度紧张状态之中，致使学生脑神经衰弱、失眠、记忆力减退、注意力涣散，出现一些异常的学习行为与习惯；另一方面，对分数的错误看法也会造成学生心理上的痛苦，导致心理压力

第五章 『不好』学生之心理问题诊断

加大。

（2）厌学是目前学习中比较突出的问题。

不仅是学习成绩差的同学不愿意学习，一些成绩较好的同学亦出现厌学情绪。例如教育结构的不合理性表现出的教学内容过难，据人民教育出版社调查，80%的中学生学习理科教材有困难。这种情况导致了一些学生由厌恶学习发展到逃避学习，脱离学校去寻求不正当刺激，从而形成一系列品行障碍。

许多教育家都强调指出，过难的教材将对学生的心理健康产生不利的影响，于是就出现了厌学情绪，国家教育委员会的一位负责同志在一次会议上说，在现行的教育状态下，厌学的有 30%，有的县甚至高达60%。可见，厌学是现代中学生普遍存在的心理问题。

（3）考试焦虑，特别是遇到较为重要的考试时焦虑更为严重，甚至出现焦虑泛化现象。

在现行的中等教育体制中，我国的教育结构中还存在着很多不合理的现象，普通中学表现尤为突出，学生在学校所学的知识基本上是为考大学而准备的，然而，实际上升入大学的只是一部分，学生面临的是升学难、就业难、出路窄的现象，特别是后进生更是感到升学无望。一种毕业后无出路的忧愁和恐慌感控制着他们，这一种情况反映在考试上，就出现考试焦虑。另外，不当的教育方法，例如教学方法不灵活、带有惩罚性等，教师的嘲讽，同学的轻视甚至家长的埋怨和打骂，给学生的心理造成了很大的压力，会给学生的心理造成种种问题。

2. 人际关系问题

人际关系问题也是中学生反映较多的问题。其问题有以下几个方面：

（1）与教师的关系问题。

其主要问题是教师对学生的不理解、不信任而使学生产生的对抗心理，以及教师的认知偏差等情况给学生造成的压抑心理，攻击行为等

没有不好的学生，只有不好的教育

问题。

中小学时期，教师仍然是学生的理想目标、公正代表，他们希望得到教师的关心理解与爱。如果教师缺乏理解、耐心与爱心，不能以热情的态度给予指导帮助，反而横加指责，学生则会失望。更有甚者，教师对学生缺乏尊敬，贬低其价值的不良态度使学生的心理遭到严重的创伤。学生，特别是高年级学生往往病态地感知这一切，这也是师生间发生冲突的原因。这种情况下，学生有一种压抑感，消极情绪产生，师生关系日趋紧张。

（2）同学间的关系问题。

"不好"的学生除了希望得到老师的理解与支持外，也希望在班级、同学间有被接纳的归属感，寻求同学、朋友的理解与信任。由于同学关系不融洽，甚至关系紧张，有的同学就流露出孤独感，想恢复与同学的关系，而又不知该怎样去做。

（3）与父母的关系问题。

民主型的和睦良好的家庭给中学生一个温暖的归属港湾，专制式的家庭中父母与其子女之间不能进行正常的沟通，造成儿童孤僻、专横性格。

家庭的种种伤痕，会给中学生造成不同程度的心理伤害。有研究认为，父母不和比父母一方死亡，给儿童在心理问题上造成更大伤害，因为他们在父母那里看到了人际关系的恶劣性。不和父母对中学生的心理影响是多方面的，有被抛弃感和愤怒感；并有可能变得抑郁，敌对，富于破坏性……还常常使得他们对学校作业和社会生活不感兴趣。他们会认为是自己的父母给自己带来并制造了痛苦，憎恨父母家庭，因为家庭是一切不幸的所在。

3. 青春期问题

（1）青春期闭锁心理。

其主要表现是趋于关闭封锁的外在表现和日益丰富、复杂的内心活动并存于同一个体，可以说封闭心理是青春期心理的一个普遍存在而又特殊的标志。因而闭锁心理问题主要是指处于消极情况下的心理而言的。中学生若在消极情绪控制之下，封闭与外界的任何心理交流，将是一个值得注意的征兆。

（2）情绪情感激荡、表露而又内隐。

青春发育期的生理剧变，必然引起中学生情感上的激荡。这种动荡的情感有时表露，有时内隐。一个微笑可以使情绪飞扬，彻夜兴奋，然而他们内心里激动、高兴或苦恼、消沉而表面上似乎很平静；他们有话有秘密想与别人倾吐，可无论碰到父母或老师却又缄默不言，这种情况如果得不到理解，便会出现压抑心理，出现焦虑与抑郁。

（3）早恋。

中学时代，特别是高中生，正值青春发育期，而这一时期最突出的矛盾之一是性发育迅速成熟与性心理相对幼稚的矛盾。中学生由于受认识能力和个性发展的限制，特别是在教育引导不及时不得力的情况下，使得中学生的性心理的发展表现出相对的幼稚性，所以自认为认真的、朦胧状态下的恋爱出现了，尽管这种恋爱带有好奇和模仿成分，但却是一个令人十分关注的问题。

4. 自我意识的障碍

中学生正处于"第二次断乳期"，对事物开始有了独立自主的观点，不愿盲目遵从，自我意识逐步发展。但此阶段的中学生正是从儿童幼稚期向成熟期过渡的阶段，半成熟、半幼稚与独立性、依赖性共存，其自我意识的发展也呈波澜起伏状，自我评价能力、自我控制能力等无法正确把握，看待问题容易固执己见、片面化和绝对化。

在这一阶段，容易按照个人好恶和一时心血来潮来论事论人，缺乏理性和客观标准；遇事沉不住气，易受激怒，往往火冒三丈，唇枪舌剑，甚至拳脚相加，缺乏自我克制能力。对待自己要么过低估计自己的能力，看不到自己的长处或优势，自我否定，自我压抑，悲观失望，有

强烈的自卑感，缺乏自信；要么自我意识膨胀，过高估计自己的现状，甚至认为自己比谁都强，常做"白日梦"，把幻想当现实，而一旦遭遇挫折，便极易滑到自我萎缩的境地而一蹶不振。

5. 挫折适应问题

中学生的挫折是来自多方面的，包括学习方面的、人际关系方面的、兴趣和愿望方面的以及自我尊重方面的。其原因有客观因素、社会环境因素以及个人主观因素。

面对挫折造成的困难与痛苦，中学生们的反应方式有两类：消极的反应与积极的反应。消极的挫折适应方式一旦习惯化、稳固化，在一定的情境中挫折状态即使有所改变，其行为却仍以习惯化的适应方式如影随形地出现。于是，消极的挫折适应方式也就转化为较严重的，需要长期耐心教育的心理健康问题了。

第五章 "不好"学生之心理问题诊断

没有不好的学生，只有不好的教育

第二节　"不好"学生心理问题的成因

　　据相关研究，"不好"的学生心理素质普遍低下，学习基础差，主动性不高，与人交往中存在一定障碍，在心理方面表现的问题比较突出。这些学生存在的问题不仅影响其身心健康发展，也妨碍了其品格和个性的发展。通过大量的案例研究，我们发现，通常引起"不好"学生心理问题的因素有如下几种。

一、家庭原因

　　"不好"的学生本在学习、心理、性格等方面就存在诸多问题。进入高中后，面对新的环境和新的学习要求，容易产生自卑感，对学习、生活失去信心。有些家长溺爱娇惯，造成学生独立性差、胆小、退缩；有些家长失去对孩子的信心和希望，干脆放任自流，把孩子推往学校，当孩子最需要温情和关怀时，父母没有顾及，导致学生产生不良行为或行为异常。有的父母自身就存在很多问题，给孩子造成了恶劣影响，形成了一些不良习惯。

【案例】

　　小海是一名四年级的学生，他爸爸因从商无暇顾及孩子的学习，但在物质上基本是有求必应，妈妈上班，时间也很紧张，孩子放学后大多都是爷爷奶奶照顾，低年级时成绩就不算优秀，但也能凑合过去。

贪玩是孩子的天性，缺少了监管的小海无形中采取投机取巧的方式钻爷爷奶奶的空子，用撒谎的方式蒙蔽家长。四年级时，小海的成绩已经成了班里的倒数，老师为了控制他的课堂纪律，时常让他站在教室里听课，家长也成了老师办公室的常客。这时候，小海的妈妈意识到了问题的严重性，无奈中只好做了全职妈妈，一段时间后，虽然她为了孩子的学习绞尽了脑汁，但小海就是无法对学习产生浓厚的兴趣。一点点家庭作业，需要搞上几个小时，甚至还完不成，家长免不了火冒三丈，一急，连自己都无法克制自己的情绪，轻责骂，重则打或者恐吓，有时候，一直搞到凌晨，家长又气、又急、又心疼！

事实上，家长从开始就忽略了孩子的学习特点，没有真正了解孩子的心理和真正的学习需求。成绩处在低迷阶段的学生，他在学校用在学习上的时间和精力，有2/3都是白白浪费的，学习能力已经严重缺失，心理承受挫折的能力又很脆弱，如果家长依然随着学校的学习进度，为孩子的学习施加压力，其实就是人为给孩子制造学习障碍。

辅导这样的孩子，不管家长你如何"急"，他总能用"不慌、不急、不抵抗、不言语"来回应家长的教育。从我辅导过的众多孩子的案例中，这样的孩子并不是生理上的笨或者智力障碍，而是一种心理上的疲劳。孩子学习中的慢性子，是因为同一群体中成绩落差太大，家庭辅导方法又与孩子的实际成绩不衔接，加上家长严厉要求和过高的期望，当这种无形的精神负担无法摆脱时，自卑感、挫败感和恐惧感，就会令孩子丧失学习激情，丧失竞争斗志！这时候，如果家长采用常规辅导方法很难能调动孩子的学习激情，更无法控制孩子在学校的学习行为，随着孩子逆反心理的增强，性情也会变得孤僻、自

第五章 "不好"学生之心理问题诊断

卑、倔强，在家庭中反感家长的辅导，在学校甚至对抗老师的教育。

　　我接触小海时，他对学习完全处在了心理疲劳期，我们不谈论学习时，他还能和我心平气和的交流，一触及到学习方面，他马上神色黯然，手足无措，一副无精打采的样子，还不时地扭头看看母亲。小海寄宿在辅导中心的第二天，他的情绪波动就多起来，想家，依赖妈妈的情绪尤为强烈。尽管我们并没有对他的学习施加任何压力，只是让他读一些自己喜欢的课外书，但这里毕竟是个学习的环境，此时的小海承受各种压力的能力已经变得很微弱。平时信誓旦旦，但是只说不做，一旦遇到挫折就灰心失望，就连看到其他同学彼此竞争的学习氛围，也时刻让他感到很畏惧，逃避心理日益加重。

　　通过后面几天的观察，我们几位老师经过研究为他设定了一套培训方案，因为学习中的畏难情绪为小海的心理制造了成长的障碍，要解决这些障碍，还必须从学习方面下手，调整他的第一步首先要激发小海的学习激情，疏导他的畏惧心理，缓解他的畏难情绪。后来我们有意安排一年级数学最基础的计算知识，并让他和同龄孩子，甚至还有高年级的孩子共同做同一张卷面，为了帮助他，我们暗示其他孩子故意空出一些题不书写，始终保持小海的分数位居前列，表现出那些大孩子的成绩都无法赶超他。

　　经过几次这样的训练，加上老师的大加赏识和心志疏导，小海的眼神开始出现强烈的学习欲望，情绪也开始回归了自信："老师，这些题我学过，我都会做。"

　　一个成人步入成功的殿堂是需要激励的，一个孩子步入成长的学习之路同样需要心理上的激励。激励可以让孩子的学习激情高涨，坎坷会在激情中变成坦途，困难会在激情中变成自我挑战。小海在后面的几个月的调整中，各方面的表现都非常

没有不好的学生，只有不好的教育

优秀，学习内容也追上了同龄的孩子，一个独立、自信、顽强的阳光少年，时常把朗朗笑声洒落在我们培训中心的小院中。

通过这个案例，我们希望能够让更多的家长们警醒：孩子在学习中出现慢性子，是因为他在成长中缺失了激情，家长一定要根据孩子成长过程中的每一阶段了解孩子的实际情况，了解孩子的内心世界，了解孩子最实际的学习需求！如果孩子的成绩已经滑落到了有心而无力追赶的边缘时，家长千万不要过多地去责怨孩子，而要反省我们成人在有意或无意间为孩子的学习提供了许多可以去逃避的空子。随着成绩的下滑，作业逐渐就变成了心理上的负担，孩子就像一个拳击失败的选手，他很想爬起来，但在实力悬殊面前不得不放弃自信，失去了斗志的孩子只剩下了在失败面前的固执，最终是说的多，做的少。

如果家长以传统的思维把孩子放在学校，好像孩子离开学校就不能学习了，其实，把孩子放到学校，放在实力悬殊的竞技场，可能他连学习爬起的机会都没有了。这时候，我们家长真正需要做的，就是弥补我们的教育过失，把孩子暂时从竞技场拉出来，要像教练或教官一样，全身心地盯住他，训练他，强化他的体能，锻炼他的意志，堵住他偷懒的机会。成绩提高了，也就是恢复了体力去抗争，在艰苦的奋斗中体验成就感，成就感会激发孩子的学习激情，有了激情的学习生活，孩子的心灵自然就充满了阳光。

二、学校教育不当

许多学校没有及时进行教育教学改革，管理方法落后，教学模式陈旧，学生出现厌学情绪，产生一些心理负担。可见，学校教育教学改革的滞后，在一定程度上抑制了学生心理的健康成长。

1. 学习缺乏兴趣，主动性差，自觉性低，依赖心理强

一些教师受应试教育思想影响，偏爱优等生，歧视差生，对"不

第五章　"不好"学生之心理问题诊断

好"的学生不关心、不尊重、不了解，教育方式简单粗暴，动辄就训斥，这样刺激了学生的逆反心理和过激行为。好多问题学生从小学到初中都得不到老师和同学的重视和肯定，受到的都是批评、斥责、伤害和不公平的待遇，对学习失去信心。由于成绩差，信心不足，在学习上自觉性低，离开老师的指导就不知所措，依赖性很强。

2. 心理矛盾冲突过强，情绪激烈，行为走极端

"不好"的学生存在诸多矛盾心理和行为。诸如自我评价方面，自暴自弃丧失信心、悲观消极；对周围充满敌视又渴望被人理解和被人爱；对集体远而避之又对其有依赖性；情绪极其忧郁，一旦有烦心事就一触即发，表现得十分激烈，行为往往走极端。

3. 学业上和交往上遭受的挫折导致学生过度自卑，有自暴自弃行为

"不好"的学生的心理问题绝大多数都由学习成绩差、厌学所引起的。他们很可能在进入初中或者高中之前已经是学习上的失败者，被老师和同学看不起，在班集体和家庭中常常被歧视而得不到应有的尊重，因而他们对同学和老师存有戒心，更不愿意与成绩好的同学交往。他们长期处于这种不良地位，慢慢地形成自卑和自暴自弃心理。

【案例】

小Y，男12岁，五年级学生，本学期转到我班。在老师和同学的眼里，他是一个"问题学生"：性格外向，脑瓜很灵，特长众多，尤其喜欢旅游。他见多识广，上知天文，下知地理，常令人叫绝。但他胆大，脾气大，纪律散漫，常闹事，对人傲慢无礼，没有好朋友，学习习惯不好，学习态度不端正，不肯踏实努力做事，故成绩平平。

一面是见多识广的聪明表现，一面是平平无奇的学习成绩；一面是开朗外向的性格，一面是没有朋友的寂寞。长期的

心理需要得不到满足，使得小小年纪的小 Y 出现了严重的心理失衡。一天到晚，他不是与人唇枪舌剑，便是幸灾乐祸。他认为与别人对抗得越激烈，他越能享受到快乐。在日记里他记下了自己如何让小表妹把风油精弄到眼里从而疼得又哭又喊的惨景，他觉得这是他最得意的时候。为此，老师和家长给他找了一些有关儿童心理健康教育的书，想让他看后能正确认识自己的错误，不料，他自己的问题倒没发现，老师、同学的问题倒看出一大堆，时时以高标准要求他人，指出他人种种"不善待"自己的地方。他像一只刺猬，时时张开尖锐的硬刺，不断伤害别人，保护自己。

造成小 Y 心理失衡以致难以合群的个性，其原因是多方面的。首先从小 Y 的家庭情况来分析，小 Y 的父亲是一个身居要职的领导干部，工作很忙，一周中只有在双休日才有机会与儿子见面、交谈。平日里小 Y 一直由外公外婆照管、教育。外公外婆对外孙总是过于宠爱、放任的，凡事都依小 Y，于是小 Y 在家一直处于以"我"为中心的氛围中，所以小 Y 来到学校后，也认为凡事都要依他，谁都得听他的，稍有不如他意，他就肆意指责对方，因此经常与同学发生冲突，差不多每天都有同学投诉他。

再说，父亲是领导干部，小 Y 有一种优越感。因为平常与他接触的大人都对他说恭维话，总是千方百计地去迎合他的口味，满足他的要求，有时还单独带他出去玩（据他自己说他到过多个国家）。而小 Y 到学校后，同学不买他的账，老师也不会无原则地去迎合他，所以他心理很不平衡。

最后，小 Y 的前任老师的教育也加剧了失衡的心理。前任老师刚从师范毕业，是个二十来岁的小姑娘，她看到小 Y 纪律散漫，常闹事，很着急，想马上制服他。然而她好心办了坏事，要知道一个还没赢得学生尊重和信任的老师想要马上制

服一个"问题学生"那是不可能的。老师的操之过急使小 Y 造成了错觉：老师是仇视他的，对他有成见。倔强的小 Y 天真地认为：只有自己不断反抗，才有机会"胜利"。于是他常常故意惹老师生气，他觉得老师越生气他越开心。

对小 Y 这样的学生仅靠班主任的教育是远远不够的，必须多方位强化管理。

一开学我先同其家长商量，希望小 Y 暂时离开"宠境"，与父亲生活在一起。小 Y 的父亲很支持我的观点，当即决定在学校附近租一套房子，由自己照管、教育孩子。当时小 Y 怎么也不答应，理由是爸爸经常不在家，自己一个人太孤单，没伙伴。于是我找了许多有关"父亲带孩子的好处"的资料给他看，并在放学后对他倍加关心。我还暗中指定几位学生放学后去小 Y 家，同他一起下棋、打球，以减少他的孤独感。当同学们反映小 Y 乒乓球打得不错时，我有意与他一起去打球。打球那天，小 Y 开心得不得了，中间休息时，小 Y 对我说："杨老师，我们来比赛，三局二胜，如果你能赢我，今后我就听你的。"我答应了他的要求。很幸运，凭着我儿时参加乒乓球训练队练就的老底，这次比赛我赢了，这一赢为小 Y 的转化奠定了良好的基础。

问题学生的转化是一个长期而艰难的过程，它要求教师要有耐心，对学生的不足，在一定条件下，可以忍耐、等待；对其转化过程中表现的闪光点或进步，则要及时挖掘，予以激励，使其有成就感，并转化成前进的动力，从而树立改正缺点、纠正错误的信心。因此，自小 Y 转入我班的第一天，我就努力去发现他的闪光点，看到他值日工作做好了，我就及时表扬，见他作文写得不错，我就在班上读一读。但看到他有问题时，我则要求自己忍耐些，做到不揭他的短，不当众批评他，而是在课堂上通过各种体态语言给予暗示，等到课后进行个别谈话。谈话时我多以朋友的身份、以商量的口气，常采用"角色换位"这一方法，引导他自我检讨，找出自己错在哪里，该怎么处理，同时也让他学会宽容和体谅别人。

小Y很乐意当小干部，为了较好地约束他的行为，消除其一些不良的意念于萌芽状态。我有意让他当值周班长，负责一周的纪律、卫生，并设计一堂班队课。在我的协作下，他的工作完成很出色，不仅夺得了纪律、卫生红旗，还设计、主持了一堂别开生面的班队课。小Y的才能得到了施展，他感到自己受到了老师、同学的重视，从此他的行为也在不知不觉中得到了规范，在同学中的威信也增加了。

现在小Y的脾气有明显好转，基本上能克制自己急躁的情绪，同学关系也相处得较好，学习成绩也进步了。本学期他与同学只打过一次架，事后他主动承认错误，自我检讨，还写了近千字的反思，挺感人的。

从以上的案例，我们不难看出要想做好"不好"学生的转化工作需要我们的老师做到以下几点：

1. 需要有坚忍不拔的精神。

"不好"学生的思想、心理、行为习惯已造成偏差定势，要转变并非易事，况且其转变是反反复复的。为此，教师在转变他们的过程中，要充满信心，咬定青山不放松。同时，教师在转变过程中要有"四个心"，即对学生要有爱心，生活上要多关心，处理矛盾要当心，做思想工作要细心。

2. 学校教育与家庭教育必须紧密结合，形成合力。

"不好"学生的出现与家庭环境和家庭教育有着密切的关系，因此对他们的转化必须得到家长的支持和配合。教师可及时通过家长收集和反馈信息，全面了解"不好"学生的学习、生活、思想状况，全盘掌握其动态和变化；同时，要求家长努力改善家庭环境，改进教育方法，与教师通力协作，尽快促使"不好"学生的根本转变。

3. 教育学生要因人而异。

"不好"学生品德过错行为的性质和程度不同，他们的年龄、性别、个性、喜好不同。因此，教师应根据其过错的程度和个性特点采取灵活的方式、方法进行教育，不能一概而论。

三、学生自身因素造成的心理问题

1. 自我认识不足

相当一部分学生缺乏合理的自我意识，自我评价过低，自卑心理严重，对自己的能力和品质做出不符合实际的偏低评价，认为自己什么都不行，即使对那些稍加努力就可以完成的任务，也轻言放弃。这部分学生在初中阶段就是被老师忽视、被家长严责的群体，长期以来形成的"我不行"的意识已渗入骨髓，他们最容易出现自暴自弃、破罐破摔的倾向。

2. 自卑感强，行动退缩

来自特殊家庭的学生，尤其是学业不良的学生由于基础差、成绩不好，造成自尊的下降、强烈的失败感、学习消极、不愿做出努力。这些学生自认不如别人，不愿与其他人交往，不爱在老师面前表现自己，不参加各种课外活动和竞赛。

3. 封闭自己，有社交障碍

不少学生在不同程度上存在社交障碍，尤其是那些贫困生、特困

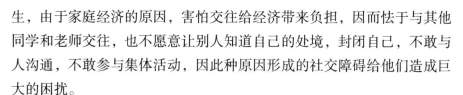

生，由于家庭经济的原因，害怕交往给经济带来负担，因而怯于与其他同学和老师交往，也不愿意让别人知道自己的处境，封闭自己，不敢与人沟通，不敢参与集体活动，因此种原因形成的社交障碍给他们造成巨大的困扰。

第五章 「不好」学生之心理问题诊断

没有不好的学生，只有不好的教育

第三节　解决"不好"学生心理问题的思路和方法

要想根本解决"不好"学生的心理问题，具体来说，可以从内外两方面进行：

一、外界

1. 营造良好的校园文化氛围

和谐的氛围有利于心灵的舒展、愉悦，师生之间和班级内部如果是和谐、团结的环境，那么教师开展对学生的心理教育便成功了一半。在这方面，教师应注重主动建立和谐的师生关系。如果教师对学生具有真诚的信任，尊重与鼓励，"不好"的学生就会感到一种人格的尊严，他们的自卑、孤独、胆怯、抑郁等心理问题发生率就会大大降低。一旦学生对教师产生了朋友般的信任，他们就会主动向教师敞开心扉，诉说自己的喜怒哀乐，这就有利于教师随时了解学生的心灵，及时帮助他们解除心理烦恼。

2. 造就班级和谐的环境

心理学认为，人的情绪、情感或态度都是环境在个体身上的体现和反映，没有任何一种心理现象的产生不存在着客观的原因。因此一个和谐的环境无疑有助于学生保持心理健康，形成良好的心理品质，并且使可能出现的异常心理现象减少到最小程度。

（1）帮助学生树立正确的人生观、价值观和世界观。

教师应该教他们正确对待和处理人生道路上遇到的困难，明白挑战和机遇并存的道理，提高他们对挫折的忍耐力，使他们在人生道路上能够拼搏进取、自强不息。

（2）开设专门的心理健康教育课程。

将心理学的基本常识引进课堂，这是实施心理教育最直接的一种手段，它为所有学生能直接接受基本心理健康教育提供了保证。采取心理健康理论和实际训练相结合的方法，让学生切实掌握一些宣泄痛苦和愤怒、克服自卑、树立自信心等心理调节手段，增强自我调适能力，从而防患于未然。

（3）大力开展丰富多彩、积极向上的文娱和体育活动。

让他们通过参加集体活动，能够认识自我，发现自己的闪光点，克服自卑心理，让他人接纳自己，从而尽快地融入群体。

3. 建立良好的师生关系

良好的师生关系，使学生认为老师的批评是为他好而乐于接受，也愿意自我反省并改正错误。融洽的师生关系能使班级产生温馨和谐的气氛，使师生心情欢畅，心理相容。

4. 设立心理咨询室，开展心理咨询

心理咨询对治疗学生不良的心理和行为，调节情绪、完善人格，促进身心和谐发展，能够起到不可估量的作用。出现心理问题的学生，最需要得到理解和抚慰，需要向人倾诉。心理咨询教师要注意与学生建立良好的信任关系，遵循聆听、保密、交友的原则。

教师不仅要充当"心理咨询师"，还应为"不好"的学生建立心理健康档案，辅导矫治有心理问题的学生。对单亲家庭、父母离异的学生或有心理障碍的学生，采用电话咨询、门诊咨询等形式给予启发开导，对诊下药。

5. 充分利用"家长学校"，开展心理健康教育

父母是孩子的第一任老师，父母和家庭环境对于孩子的身心健康发展有着至关重要的作用。

（1）提高父母的素质和修养。

在家庭教育中，父母的示范作用是具有说服力的教育手段之一。孩子的行为举止大多受父母影响。因此父母应不断提高自身的素质和修养，检点自己的言行，以身作则，努力在孩子面前树立良好的榜样。哲学家洛克指出："教育上的错误比别的错误更不可轻视。教育上的错误和配错药一样，第一次弄错了，绝不能用第二次、第三次去补救，它们的影响是终身洗不掉的。"所以父母应时时提醒自己，既要努力完善自我，做一个身心和谐发展的人，又要时刻关心子女，使之能克服发展中的心理障碍，适应社会，做个有益于社会的人。

（2）对孩子要严爱结合。

没有爱就没有教育。父母的爱要从全面关心子女的成长发展出发，严爱结合。既关心子女身体的健康，又注意子女心理的健康；既注重子女科学知识的学习，又要培养子女良好的道德品质，审美情操。同时家长对子女不能无端干涉，甚至做越俎代庖的事。对孩子的要求要宽严适度，否则会挫伤孩子的自尊心和自信心，使孩子产生逆反心理。

6. 在教育教学工作中贯穿心理健康教育

由于学生的心理健康与他们日常的学习和生活，与师生关系、同学关系等密切相关，因此心理健康教育应有机地融于学校的日常教育教学工作之中，并适当开展一些有针对性的实践活动，如"寻找同学的闪光点"，"走向大自然"，"早锻炼"等有益心理健康的活动，以培养学生坚强的意志。

7. 提高师资队伍自身的心理素质

教师的心理素质会对学生产生潜移默化的影响。一个才华出众、待人温和、乐观向上、情绪饱满的教师能使他的学生从中得到教益，从而把教师的行为方式当作理想化的模式，并以此作为自己行为的典范。而随意讽刺挖苦学生，会伤害学生的自尊心、自信心，严重的可能导致学生从厌恶一位教师到厌恶一门学科，甚至发展到厌恶学校生活，促使"不好"学生的形成。所以教师要不断完善自我，提高自身的心理素质，以适应现代化教育的要求。

马克思说："教育的最终目的是造就具有高度觉悟的，完善人格的全面发展的健康人。"21世纪是一个竞争更加激烈，对人才素质要求更高的时代，这就需要今天的青少年具备优良的个性和健全的人格。因此，我们教育工作者必须注重学生的心理健康教育，让学生的身心得到健康成长。

二、内在

要想解决"不好"学生的心理问题，还需靠唤醒他们自身的内在能量。具体来说，可通过以下几个方面进行。

1. 自我意识及其训练

（1）自我意识及其意义。

自我意识是对自己身心活动的觉察，即自己对自己的认识，具体包括认识自己的生理状况（如身高、体重、体态等）、心理特征（如兴趣、能力、气质、性格等）以及自己与他人的关系（如自己与周围人们相处的关系，自己在集体中的位置与作用等）。总之，自我意识就是自己对于所有属于自己身心状况的认识。由于个体能洞察自己的一切，因而能对自己的行为进行调节和控制。

自我意识的成熟被认为是个性基本形成的标志，它在人的社会化过程中具有相当重要的地位。自我意识是个体社会化的结果，同时，自我意识的形成和发展又进一步推动个体的社会化。

由于自我意识在人发展过程中是循序渐进进行的，是在自我认识、自我体验和自我调控三种心理成分相互影响、相互制约的过程中发展的，所以，学生心理素质教育是在其自我意识发展规律的基础上，结合学生的日常生活、学习和劳动，采取灵活多样的方式，促进学生认识自我、评价自我、体验自我和调整自我，促使学生自我意识健康发展。

（2）自我意识训练内容。

①自我认识。

自我认识是主观自我对客观自我的认识与评价，自我认识是自己对自己身心特征的认识，自我评价是在这个基础上对自己作出的某种判断。

正确的自我评价，对个人的心理生活及其行为表现有较大影响。如果个体对自身的估计与社会上其它人对自己客观评价距离过于悬殊，就会使个体与周围人们之间的关系失去平衡，产生矛盾，长期以来，将会形成稳定的心理特征——自满或自卑，将不利于个人心理上的健康成长。

自我认识在自我意识系统中具有基础地位，属于自我意识中"知"的范畴，其内容广泛，涉及到自身的方方面面。对"不好"的学生进行自我认识训练，重点放在三个方面：第一，让学生能认识到自己的身体特征和生理状况。第二，认识到自己在集体和社会中的地位及作用。第三，认识到内心的心理活动及其特征。

自我评价是自我意识发展的主要成分和主要标志，是在认识自己的行为和活动的基础上产生的，是通过社会比较而实现的。由于"不好"的学生自我评价能力不高，往往不是过高就是过低，大多属于过高型。因此，要提高"不好"的学生的自我评价能力，就应让他们学会与同伴进行比较，通过比较做出评价。还应让他们学会借助别人的评价来评价自己，学会用一分为二的观点评价自己。由于自我评价是自我认识中

的核心成分，它直接制约着自我体验和自我调控，所以，对"不好"的学生进行自我意识训练，核心应放在自我评价能力的提高上。

②自我体验。

自我体验是主体对自身的认识而引发的内心情感体验，是主观的我对客观的我所持有的一种态度，如自信、自卑、自尊、自满、内疚、羞耻等都是自我体验。自我体验往往与自我认知、自我评价有关，也和自己对社会的规范、价值标准的认识有关，良好的自我体验有助于自我监控的发展。对"不好"的学生进行自我体验训练，就是让学生有自尊感、自信感和自豪感，不自卑，不自傲，不自满，随着年龄增长让他们懂得做错事感到内疚，做坏事感到羞耻。

③自我监控。

自我监控是自己对自身行为与思想言语的控制，具体表现为两个方面：一是发动作用，二是制止作用，也就是支配某一行为，抑制与该行为无关或有碍于该行为进行的行为。进行自我认知、自我体验的训练目的是进行自我监控，调节自己的行为，使行为符合群体规范，符合社会道德要求，通过自我监控调节自己的认识活动，提高学习效率。

2. 智力训练

（1）智力及其训练意义。

智力是人们在认识客观事物的过程中所形成的认识方面的稳定心理特点的综合，它包括观察力、注意力、记忆力、想象力和思维能力，其中思维能力是智力的核心。

说起智力训练人们都比较熟悉，在科技迅猛发展的今天，人们普遍认识到智力是一个人的学业、事业成功的最基本前提，学校智育工作的一项重要内容就是开发学生智力。智力开发、思维水平提高在现代人才培养中处于核心地位，培养良好的心理素质首先必须开发智力，因为智力不仅是完成学习活动的必要条件，同时也是从事其他社会实践活动的根本保证。

　　培养学生智力的工作，一方面要在各科教学活动中进行；另一方面，有目的地进行一些智力训练活动不仅是必要的，而且是可行的。

　　（2）智力训练内容。

　　①观察力训练。

　　观察力是人有目的，有计划地知觉事物的能力，尤其是指辨别物体细微差别和细小特征的能力。观察力是智力活动的门户和源泉。一个人要想发展自己的智力，首先必须把观察力的大门敞开，接受外来刺激，发挥感知觉的功能，提高感知能力，丰富感性知识，为抽象逻辑思维的发展奠定基础，从而增长知识，开发智力。

　　训练观察力应注重观察品质的训练与提高，即训练"不好"的学生观察的目的性、精确性、顺序性和深刻性，让学生观察事物做到观察得快，观察得准，观察得细，观察得深。为使观察更有效更迅速，还要培养"不好"的学生良好的观察习惯，做到观察前有计划、有目的，观察中有思维、有记录，观察后有整理、有总结。与此同时，还要注意观察方法的训练，只有掌握一定的观察方法，才会使观察活动得以顺利进行，也才能使观察结果全面、深刻。常用的观察方法有顺序法、比较法，多种感官结合法等等。

　　②注意力训练。

　　注意是心理活动对一定对象的指向和集中。所谓指向性是指心理活动对客观事物的选择。集中性是指人的心理活动在特定的方向上的保持和深入。显然，指向性和集中性是注意的两个基本特征。由于注意的两个显著特征，使它在人们的日常生活、学习和工作中具有选择、保持和调节三种功能。

　　在心理学上，注意虽不是独立的心理过程，而只是一种心理状态，但它却伴随心理过程的始终，一旦失去注意，心理过程的其他活动将无法进行。由于注意的特殊地位和重要作用，许多人都特别重视注意力的培养，尤其是对"不好"的学生来说显得更为重要。

　　对注意力进行训练，重点应放在注意品质的提高上。通过训练扩大

注意的广度，增强注意的稳定性，提高注意的分配和转移能力。注意的四个品质既是衡量一个人注意力好坏的主要标准，也是我们训练注意力的着眼点。在提高"不好"的学生注意品质的同时，还要加强对学生进行活动目的性的教育，从而促使学生由无意注意向有意注意转化，实现注意发展历程上的一个飞跃。

在训练学生注意力时，训练学生的抗干扰能力则从另一角度出发，达到提高学生注意力的目的。再者，训练注意力还应包括良好注意习惯的培养，如果学生养成了良好的注意习惯，那么他们就会自然而然地集中注意力，前苏联一位心理学家曾经说："要想在课堂上集中注意力，我们还是从一年级就学会做简单的事情开始吧。"

③记忆力训练。

记忆是过去经验在头脑中的反映，过去经验可以是曾经感知过的事物，思考过的问题，也可以是体验过的情感和从事过的活动等等。记忆从字面上来说，它是一个从"记"到"忆"的复杂心理过程。从信息加工观点看，记忆是一个对信息的输入、加工、储存和输出的过程，这也就是我们通常说的识记、保持和回忆三个基本记忆环节。识记是识别和记下事物，积累知识经验的过程。保持是巩固已获得的知识经验的过程。回忆则是在不同情况下恢复过去经验的过程。

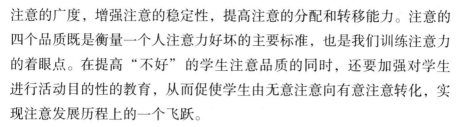

对"不好"的学生进行记忆力训练，就要抓好两个转变，即由无意识记到有意识记的转变和机械识记向意义识记的转变。

低年级儿童识记多为无意识记和机械识记，随着生活范围的扩大，所识记的内容增多，仅靠无意识记和机械识记是远远不够的，就需要发展更多种识记方式来完成日常的学习任务。所以，教师的任务就是帮助学生明确记忆的目的和任务，提高有意识记的能力，引导学生善于发现事物间的联系和因果关系，以理解为基础，提高意义识记的能力。与此同时，还应注意学生记忆信心的培养，记忆的关键在于自信。美国心理学家胡德华斯指出：凡是记忆力强的人，都必须对自己的记忆充满信心。可见，对于"不好"的学生进行记忆信心培养也是训练记忆力的重要一环。

除此之外，还要让"不好"的学生掌握一些记忆策略，如提纲记忆、列表记忆、图示记忆、网络记忆等等。学会把无意义的材料赋予人为的意义和联系，以帮助记忆，也就是我们平时所说的记忆术，如歌诀记忆、谐音记忆、特征记忆等等。在保持这一环节方面，重要一点是学会复习，因为与保持过程相反的是遗忘，换句话讲遗忘的越少，保持的就越多，记忆效果就越好；相反遗忘的越多，保持的就越少，记忆效果就越差。而对付遗忘最有力的武器就是复习，要让学生知道复习并不是简单的机械重复，而是每一次重复都有新的成分掺入，每次复习都从新的角度重现旧的内容。所以，只有掌握科学的复习方法，才能收到满意的效果。

④想象力训练。

想象是人脑对已有的表象进行加工、改造、创造新形象的过程。这里的表象是指记忆表象，即我们直接地感知，接触某一事物后，在头脑中构造出的该事物的形象。不言而喻，表象是想象的基础。

在"不好"的学生想象力培养方面，重点做到使学生在无意想象的基础上充分发展有意想象，保证想象的目的性、主动性，提高想象的效率；使学生在再造想象的基础上充分发挥创造想象，提高想象的预见性和创造性。这就要求我们教师首先应注意学生知识经验的积累。想象必须以知识经验为基础，缺乏知识的想象只能是空想，我们提倡的是科学想象和幻想。再者，应注意表象的储备。想象以表象为材料，想象的水平因一个人所具备的表象的数量和质量不同而不同，表象越贫乏，想象越肤浅；表象越丰富，想象越深刻。丰富学生表象可通过参观、访问、调查、旅行等实践活动来进行，开辟第二课堂。第三，应重视学生情感的培养。情绪和情感是想象的动力，一个人的想象活动与其情绪情感生活是紧密相连着的，创造想象的重大创造永远产生于丰富的情感之中。除此之外，提高学生的言语水平也是训练想象力的重要方法。

⑤思维力训练。

思维是人脑对客观现实的间接的、概括的反映。这种反映是人脑通过分析、综合、抽象、概括、比较、具体化等活动过程和概念、判断、推理等形式来实现的。

思维具有两个显著特征：间接性和概括性。间接性是指它对事物的本质属性和内在联系的反映，是需要通过知识经验的媒介才能完成。正是这一特性，大大提高了人类认识事物的能力，跨越时空限制，拓宽了认识的广度。概括性是指思维所反映的是一类事物所共有的本质属性和各类事物间规律的联系。人们借助于分析和综合这两个基本过程，对事物去伪存真，去粗取精，由表及里，由浅入深地进行加工，发现事物间的联系，找到问题的实质。

思维在学习中的重要作用，早已被人所知，早在二千多年前，孔子就说过"学而不思则罔，思而不学则殆"。著名物理学家爱因斯坦曾经说过："学习知识要善于思考，思考，再思考，我就是靠这个学习方法成为科学家的。"的确，思维既是学生理解知识的必要心理因素，也是巩固知识的重要心理条件。可见，思维力的训练乃是智力训练的核心。那么，如何进行思维训练呢？

首先，应明确良好的思维品质是什么，要把提高学生的思维品质，作为思维训练的重点。一般说来，思维品质包括思维的灵活性，思维的独立性，思维的批判性和思维的深刻性四个方面，围绕这四个方面，进行思维训练。

其次，训练"不好"的学生养成良好的思维习惯。每个人在认知活动中，都会显示出带有个人色彩的某种倾向和特点，一旦这种倾向和特点相对稳定，就成了个人的思维习惯。思维习惯直接影响着思维的方向，从而影响思维的质量，所以抓好思维习惯的培养，就抓住了思维训练的关键。根据一些研究者的研究结果，我们应从以下几个方面培养学生的思维习惯：培养学生"凡事问一个为什么"的习惯；培养学生有条理、有根据的思维习惯；培养学生一问多思的习惯；培养学生善于进行求异思维的习惯。

第三，对学生进行思维训练，要结合各科教学进行。在传授知识的同时，训练学生的思维能力，良好的思维力既是学生学习的前提和基础，也是教学的目的和归宿。著名物理学家爱因斯坦曾说："发展独立思考和独立判断的一般能力，应当始终放在首位，而不应当把获得专业知识放在首位。如果一个人掌握了他的学科的基础理论，并且学会了独立思考和工作，他必定会找到他自己的道路，而且比起那种主要以获得细节知识为其培训内容的人来，他一定会更好地适应进步和变化。"

3. 情感训练

（1）情感及其教育意义。

情感是人对客观事物是否满足需要而产生的主观体验，它反映的不是客观事物本身，而是客观事物与个体需要之间的关系。

"人非草木，孰能无情"。情感问题日益为人们所关注，因为它已成为困扰人们生活的主要问题，不管是现在或是将来，情感教育都是心理教育的核心内容。日本心理学家泷泽武久指出：情感交织在人的思维中，或者成为刺激，或者成为障碍。他用大量实验证明，一旦学生对学习失去情感、思维、理解、记忆等认知机能，就会受到压抑阻碍，无论何等抽象的思维，没有情感都不能进行。苏霍姆林斯基对情感教育尤为重视，当他谈到情感对智育的重要性时说："情感如同肥沃的土壤，知识的种子就播种在这片土壤上。种子会萌发幼芽来，儿童对劳动快乐的激动情感体验得越深，他就想知道更多，他的求知渴望、钻研精神、学习劲头也就越强烈。"理论和实践都告诉我们，对学生进行情感教育，具有基础性意义，会产生巨大的辐射作用。

（2）情感训练内容。

由于情感具有两极性，所以，我们对"不好"的学生进行情感教育就从两方面做起，一方面培养学生的积极情感，另一方面指导学生学会调控自己的消极情感。

结合"不好"的学生情感发展特点，教育重点放在积极情感的培养上。通过教育让学生认识日常生活中常见的情绪情感，增强对情感的认知，学会适度地表达自己的各种情感，提高对情感的控制力。在教育的影响下，随着知识经验的增多，增强"不好"的学生情感的稳定性也是情感教育的重要内容之一。

在教育中，教师应通过知识的传授和一些实践活动，提高"不好"的学生认知水平，从而促进情感的社会化发展，由一般的心境、激情、应激、热情开始向高级的社会性情感、道德感、理智感和美感发展。由于情绪情感具有很大的情境性，具体的情境总是可以唤起人们的相应情感，所以教师应充分利用培养学生情感的每一次情境，或者有意识地创设一定的情景来进行情感教育。

在进行积极情感培养的同时，不能忽视指导学生学会如何调整自己的消极情感，因为消极情感总是会产生的，在这方面教师重点是让学生掌握几种常用的消极情感调控方法，如理智调控法、转移调控法、宣泄调控法、音乐调控法、暗示调控法等等许多调控方式。

4. 意志培养训练

（1）意志及其培养意义。

意志是克服困难达到预定目的的心理过程，它有三个明确特征：明确的目的性、随意运动为基础和克服困难相联系。

在生活中或学习中，遇到困难、挫折是常有之事，在挫折、困难面前最能体现出一个人的意志如何。意志坚强者能理智地对待挫折、困难，想办法克服困难、排除挫折，实现预定的目标。相反，意志力薄弱的人，遇到困难不是积极想办法克服，而是怨天尤人，回避退却最终导致失败。无数的实例证明，凡是成功者都是意志坚强者。因而，应重视学生意志力的培养，尤其是在当今形势下，其意义更为深远。世界上许多国家如日本、美国都特别重视学生意志力的培养。

（2）意志培养内容。

良好的意志力主要表现在自觉性、自制力、果断性和坚持性四个方面。这四个方面也就是意志的四个品质。对"不好"的学生进行意志力培养就要重点提高学生的自觉性、自制力、果断性和坚持性。

为提高"不好"的学生的自觉性，就要从理想教育做起，让他们树立远大志向，增强活动的目的性。有志是坚强意志的前提，一旦树立了远大的理想和目标，就不要轻易地变换，就要为之而努力奋斗，有一种不达目的不罢休的精神，这就是要让学生培养坚持性。人们常说："无志之人常立志，有志之人志不移"，就是说的这个道理。培养学生的意志力并非只有在大的挫折、困难面前才能进行，相反，更重要的是对学生进行养成教育，从小事做起，把克服学习、生活中的每一个小困难都当成锻炼意志的机会，把每一个小小的诱惑都作为对自制力的考验。高尔基曾说："哪怕是对自己的一点小小克制，也会使人变得强而有力。"除此之外，坚持体育锻炼也应作为培养意志力的内容和方法。体育运动和意志力互为条件，相辅相成，强健的体魄易养成坚强的意志。

5．个性塑造

（1）个性及其塑造意义。

"个性"一词在心理学上是一个内涵极为丰富的概念，至今仍没有一个统一的定义说法。但一般认为，个性是在实践活动中形成的比较稳定的，具有社会意义的特征系统。

我们知道，学生的性格塑造与德、智、体、美、劳全面发展有极为重要的关系，在学校心理素质教育工作中具有突出地位。前苏联教育家马卡连柯尤为重视性格教育，他把教育的目的归结为"人的个性培养计划"，把性格看成是个性的核心。爱因斯坦曾指出："优秀的性格和钢铁般的意志比智慧和博学更为重要……智力上的成就在很大程度上依赖于性格的伟大，这一点往往超出人们通常的认识。"可见，性格对于一个人的生活、事业都具有很大的作用，应及早进行培养和塑造。性格的形成是先天与后天的"合金"，它是在遗传素质的基础上，通过后天的教育、环境的影响及个人主观努力逐渐发生、发展的。性格既有稳定性，又有可塑性，儿童年龄越小，可塑性越大，所以应及时对"不好"的学生进行性格教育，以期塑造良好的性格。

（2）性格塑造内容。

对学生进行性格塑造需做好两方面的工作，一是培养良好的性格，二是矫正不良性格。

在培养良好性格方面，应充分发挥教师、集体、同伴及社会实践活动在性格塑造中的作用。我们知道，学生有着很强的"向师性"，教师是他们模仿的榜样，更希望从教师那里得到信任、关注和赞扬，一旦他们得到了这些，就会获得心理上的满足，自尊、自信就随之而来。如果一个学生经常从教师那里得到的不是赞扬，而是训斥、厌弃，学生极易产生自卑感甚至产生敌对、怨恨等情绪，久而久之，就为产生孤僻、冷漠、自卑、嫉妒等不良性格埋下了隐患。也难怪马卡连柯说："我在这一工作中的一项基本原则是尽量多地要求一个人，也要尽可能地尊重一个人。"

另外，充分发挥班集体、同伴的作用，应培养学生自制、守纪、勇敢，关心集体、刻苦耐劳、奉献等性格特征。集体为学生的性格塑造提供了良好的教育情境，一个良好的班集体，犹如一个巨大的陶冶性格的熔炉，马卡连柯说得好，"只有当一个人长时间地参加了有合理组织的，有纪律的，坚忍不拔的和有自豪感的那种集体生活中，性格才能培养起来"。

除以上所说的之外，还要重视"不好"的学生自我教育在性格培养中的作用。让学生多参加一些社会实践活动，提高他们的自我教育能力，努力使他们形成乐观、坦率、真诚、自尊、自信、自强、幽默、关心、合作、同情、谅解、热情、活泼等良好性格特征。

在培养良好性格的同时，注意矫治学生的不良性格，如怯懦、自卑、嫉妒、孤僻、猜疑等等。在矫治不良性格时，要帮助学生认识到不良性格的危害，找出形成的原因，然后采取有力措施予以矫治。

没有不好的学生，只有不好的教育

6. 交往指导

（1）交往及其指导意义。

在社会活动中，人们运用语言符号系统或非语言符号系统相互之间交流信息，沟通情感的过程就是人际交往，简称交往。个人作为社会群体中的一员，总会同社会接触，同他人建立各种各样的联系，发生这样那样的关系，这便产生人际交往。人际交往在人的生活中具有特殊的意义，通过交往可以获得信息，提高自身的文化素养和心理素养；通过交往可以增进人际和谐，提高身心健康水平；通过交往实现自身的社会化。可以这样说，交往是个体心理正常发展的基础和必要条件。

（2）交往指导的内容。

由于学生交往范围较小，主要是学校和家庭，交往的对象主要是父母及其他家庭成员、老师和同学，所以，进行交往指导重点应放在交往礼仪的培养上。让他们懂得尊重、真诚、同情、关心在交往中的作用；学会与老师、家人、同学交往的基本礼仪；初步知道如何与陌生人交往，如打招呼，问路，买东西，请求帮助等等；让学生掌握一些非言语交往的技巧，如利用眼神、体态、手势等非言语手段进行交往；让学生掌握如何排除交往中的障碍，克服交往中的不良心理，如误会、猜疑、羞怯、嫉妒等。总之，在对"不好"的学生进行交往指导时，要善于发现交往中存在的问题，通过问题的解决提高他们的交往水平。

案例一：

钱伟是一个无心向学，成绩很差的学生，又不愿接受老师和同学的教育和帮助。该同学从外校转入我校，遵守学校行为规范也极差，性格倔强，自尊心极强，曾与老师发生过几次争执，不服教育。因抽烟受到过学校严厉的批评。科任老师对他有看法，他自己也自暴自弃，"破罐子破摔"，不再有上进之心。

钱伟转到我班后，对我存有严重的戒心，对我"敬而远之"，我几次找他谈心，都因他保持沉默而不果而终。但我并没有因此而气馁，我常教他怎么做，积极鼓励他参加学校组织的各项活动，如校运会，以发挥自己的特长，参加中长跑取得了很好的名次。

我的诚意逐渐打消了他的顾虑，他开始跟我有话了。其实，该同学并不如传说中那么"坏"，而是因缺少管理，缺少关心和缺少指导而在行为规范方面有所欠缺，他也不像传说中的那么"愚"，除了因一些客观原因和主观上不够努力而学习成绩较差外，其他的天资并不差。

面对这样一个学生，我没有把他视为另类，主动地接近、关心爱护他，并注意观察其各方面表现。这种"问题学生"往往有一种自卑的心理，他们做事不求上进，破罐子破摔。根据"问题学生"的这种心理特点，教师在做转化工作时，不能持有偏见，应对他们充分信任，要善于捕捉他们身上的闪光点，给予肯定，并及时给予鼓励，让他们有一种成功感，使他们心理上得到满足。同时要适时地、不断地鼓励他们把这些闪光点发扬光大，去照亮那些偏"暗"的方面，把在某一方面的激情投入到自己所欠缺的方面，全面发展。

在做转化工作时，教师不能成为高高在上的说教者，要和这些学生交朋友，成为他们可依赖可信任的朋友。教师通过学习和掌握心理知识对症下药，进行心理辅导，帮助"问题学生"答题解疑，深化认识。学生通过接受心理训练，可了解自己不良心理品质的类型表现、产生的原因，然后接受辅导或自我调适。多管齐下，必可矫正。

第五章 『不好』学生之心理问题诊断

案例二：

李浩，男，16 岁，莱芜信息技术学校汽修一年级住校学生，军训后刚转到我班。

初次见面，当我问他话时，他总是眼皮也不抬地小声应答。除了觉得他长得眉清目秀，有些腼腆外，没有其他不良感觉。大约一周后，就开始出现各种不尽如人意的状况了。先是陆续有同学报告他骂人，不友好，对同学态度粗暴。接下来就开始出现不完成作业的现象，有时上课哼小调，大家安静写作业时，他突然大叫一声。喜欢做一些莫名其妙的动作，引得大家哄笑。对老师的批评、教育满不在乎；对同学的帮助嗤之以鼻。平时喜欢独处，甚至有时还出现早退、旷课等现象。我发现他出现这些问题后，看在眼里急在心里！我发现该生的问题根源于他的自制能力偏差，便决定对他沟通，从心理上进行疏导，然后对症下药制定详细的解决办法。

经过沟通了解问题的原因有以下几点：

1. 不适应学校教学环境。因为在家过惯了"衣来伸手，饭来张口"的生活。自理能力非常差，又加上是第一次离开父母独自在外生活，更显得不习惯，有想家的感觉。

2. 学习基础差。由于学习基础不好使得听课困难，对学习没有兴趣，导致上课开小差、捣乱课堂纪律。

3. 父母的溺爱。由于该生在父母的溺爱下养成了懒惰，怕吃苦，自私，不为别人着想的习惯，所以与同学相处不融洽。

因此，经过沟通我为解决该学生的问题确立了训练目标，即三学会：学会生活、学会做人、学会学习，并围绕这个目标制定了一系列的训练项目。

1. 学会生活

清晨，随着一声清脆的起床哨响，我就监督该生迅速穿好衣服，在我的带领下整理内务，被子叠得四四方方、有棱有角，他们的宿舍像军营一样整洁。整理内务之后3分钟后整齐地列队站在了操场上进行早操，早操完毕后是早餐时间，学生们都在排着整齐的队列，井然有序地排队打饭，我也要求该生到指定的时间到指定的位子排队就餐。这样不久就使该学生养成了良好的生活习惯，也提高了他个人的自理能力。

2. 学会做人

该学生自我意识非常强，在家里习惯于以"我"为中心，到了职中新的集体里，就会表现出自私、集体主义思想淡薄，缺乏关心帮助他人的观念。针对这种情况，我积极引导该学生，并明确指出，爱祖国的具体表现就是爱自己学校、班级，爱自己的父母、教师和同学。否则，就不是真正意义上的落实。同时，我有意识地组织该学生参观校史展览，学习《一日常规》、《礼仪常规》、《学生守则》、《日常规范》等，帮助该学生学会做人。并且我还要求他开展一、二、三评比活动：一即"每日一做一讲"做一件使他人愉快的事，讲一讲值得学习的人；二即"做人两善"，心地善良，不让人难堪，举止善意，不让人痛苦；三即"说话三要"，语调要轻柔、言语要清楚、讲话要文明。这样他在活动中慢慢学会了与人相处的技巧和乐趣，同时也学会了做人的道理。

3. 学会学习

（1）基础能力训练。

基础能力包括记忆力、观察力、注意力和理解力的"四能力训练"，分别通过古诗文和成语背诵、数学计算及证明题证明方法、看图训练和分析推理训练来完成。

（2）专项能力训练。

主要是训练"四技能"，即高准确度、高速度的读、写、

算、计能力。例如快速阅读训练，通过选取有内容、有意义，适合受训学生水平层次的阅读训练材料，根据篇幅长短限定阅读时间，要求学生在规定时间内读完，检查其阅读效果。

（3）学科训练

主要是针对语文、数学、英语等各门学科的特点设计专项训练教材。比如说语文教材分为小学部分和中学部分两种。小学教材的训练内容有拼音、汉字、词语、句子、段落、口语、朗读、作文等训练项目；中学部分则主要增加了修辞等训练内容。英语则对单词、时态进行了训练。

经过这几项训练使该生初步具备了学习的兴趣和能力，上课也能记笔记和认真听讲了，课后也能独立完成作业，渐渐的学习成绩有了明显的提高！

没有不好的学生，只有不好的教育

第六章　成为教育"不好"学生的高手

　　大量事实表明，在老师和家长眼中"不好"的学生，并非天生招人讨厌，也并非无药可救。他们是可以通过"好"的教育转化为"好"学生的。但要做好"不好"学生的教育转化工作也绝非举手之劳，这需要掌握一定的教育学、心理学和班级教育管理理论，并且通过对这些知识和理论进行艺术化地利用，才能实现。

　　一个教育工作者，既要志存高远，又要求真务实；既要总揽全局，又要细处入手；既要德正学高，又要自强弘毅；既要富有创见，又要勤于实践；既要善于借鉴，又要勇于创造；既要立足本土，又要放眼全球。简言之，既立志立德，又立功立言，方才可能成为一流的教育家。

第一节　给予"不好"的学生爱和尊重

没有不好的学生，只有不好的教育

　　"漂亮的孩子人人喜欢，而爱难看的孩子才是真正的爱"（俄罗斯谚语），爱优秀学生容易，爱问题学生难。关爱问题学生，需要教师的宽容、理解、欣赏。"天空收容每一片云彩，不论其美丑，故天空广阔无比；高山收容每一块石头，不论其大小，故高山雄伟壮观；大海收容每一朵浪花，不论其清浊，故大海浩瀚无比。"

　　作为一名教师，将心比心，宽容、谅解，才能为"不好"的学生赶走心灵的乌云，带来阳光。学会欣赏，才能为"不好"的学生消除自卑，给他们带来希望。要让每个生命都拥有阳光，把爱撒给每一个学生，一视同仁，公正地对待每一个学生，把特别的爱给特别的学生会有特别的回报。是泥土，可把它烧成砖瓦；是铁石，就将它百炼成钢；是黄金，要让它放出光彩！

【案例】

给每一株野草开花的时间

　　一位隐士住在山中，他很勤劳，每年春天，台阶上的野草刚探出头便被他清理掉了。

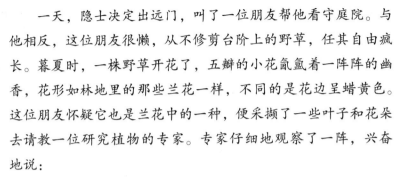

一天，隐士决定出远门，叫了一位朋友帮他看守庭院。与他相反，这位朋友很懒，从不修剪台阶上的野草，任其自由疯长。暮夏时，一株野草开花了，五瓣的小花氤氲着一阵阵的幽香，花形如林地里的那些兰花一样，不同的是花边呈蜡黄色。这位朋友怀疑它也是兰花中的一种，便采撷了一些叶子和花朵去请教一位研究植物的专家。专家仔细地观察了一阵，兴奋地说：

"这是兰花的一个稀有品种，许多人穷尽了一生都很难找到它，如果在城市的花市上，这种腊兰的单株价至少是一万元。"

"腊兰?!"这位朋友惊呆了。而当那位隐士知道这个结果时，惊呆的人又多了一个，他不无感慨地说：

"其实那株腊兰每年春天都会破土而出，只不过它刚发芽就被我拔掉了。要是我能耐心地等待它开花，那么几年前就能发现它的价值了。"

是啊，俗话说，十个手指伸出来都有长有短。我们的教育对象——学生，相互间也存在着差距，这是无法回避的。我们把这些在生理、学习、品德以及行为等方面落后或偏差的学生称为后进生、问题生、不好的学生。

对于"不好"的学生，苏霍姆林斯基曾说过："这些孩子不是畸形儿，他们是人类无限多样化的花园里最脆弱、最娇嫩的鲜花。"所以，教师应更亲近他们，鼓励他们，用爱点燃他们的心灵之灯，使其幸福地成长。

陶行知先生说过："学生虽然在个性特点、学习成绩等诸方面有所不同，但在教师眼里，地位应该是平等的。所以，作为一个教师，必须让每个生命都拥有阳光，把爱撒向每个学生，一视同仁，公正地对待每一个学生，把特别的爱给特殊的学生。"

我国教育家夏丏尊说："教育之不能没有爱，犹如池塘之不能没有水。没有爱就没有教育。"可以说，爱，永远是教育的真正内涵。而"不好"的学生更需要关爱。唯有爱，才能填补他们情感的空缺；唯有爱，才能修补他们心灵的困惑；唯有爱，才能点燃他们心中的希望。

爱是人类最美丽的语言，教师的爱是照亮学生心灵窗户的一盏盏烛光，教师的爱心是成功教育的原动力。只有心中有爱，才能拥有一颗诚挚的爱心。

教师对学生的关爱是师生交往中的黏合剂，是沟通师生心灵的桥梁，是创造师生和谐关系的纽带，也是教学工作的重要基础。前苏联教育家苏霍姆林斯基曾经说过："热爱孩子是教师生活中最重要的东西。"关爱学生，是教师职业道德的核心和精髓，教师只有爱学生，才能教育好学生，才能使教育发挥最大限度的作用，对于"不好"的学生，尤其如此。

马斯洛的需要层次理论表明，每个人都有爱的需要。对于学生而言，期望得到别人，甚至是教师的爱，既是他们本能的需要，也是他们人性健康发展的重要因素。关爱学生更多的是一种对学生含有责任感和对他们成长寄以良好期待的态度和行为。

爱是一种信任，爱是一种尊重，爱是一种鞭策，爱是一种激情，爱更是一种能触及灵魂、动人心魄的教育过程，"不好"的学生相比那些"好"学生，更需要得到爱和尊重。

教师对学生的爱，应该具有全面性的基本特征。教师爱心的全面性主要包括对学生各个方面的关爱和对所有学生的关爱。这是指不仅要关心学生的学习，更要从多方面关心学生的成长，也就是关爱学生的所有方面，同时要求班主任要关爱所有的学生。

一、关爱所有学生

班主任关爱学生，首先要关爱所有的学生，对那些成绩差、品行不端的学生也一视同仁。

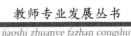

学生的学习能力不同，学习成绩有差异是正常的，但都是祖国未来的建设者和接班人，班主任没有理由，也不能只爱少数成绩好的学生。也就是说，教师不能在学生面前表现出偏爱。人人都喜欢乖巧可爱、学习成绩又好的学生，但在学生面前过多地夸耀个别的学生，是对那些问题学生的一种伤害。正如马卡连柯所说"教师应该充满着对每一个他要与之打交道的具体的孩子的爱，尽管这个孩子的品质非常败坏，尽管他可能会给教师带来很多不愉快的事情"。教师要相信每一个学生都有进步的需要，特别对"不好"的学生，要给予更多的关心和爱护。

爱是"不好"学生前进的催化剂，关心和尊重是打开"不好"学生心灵的钥匙。"不好"的学生往往在学习活动中受到刺激，自尊心受到压抑，陷入自卑情绪之中。面对这些学生，教师要表现出高尚的品德和极大的耐心，千万不能产生急躁情绪，对他们放任自流。对他们首先要在思想上启迪开导，生活上关心爱护，学习上耐心引导。只要教师满怀爱心，给"不好"的学生多一点理解和尊重，多一点信任和支持，多一点表扬和鼓励，多一点温暖和体贴，爱与严有机结合，就能使他们"亲其师，信其道"，心悦诚服地在愉快的心境中去学习与成长，消除自卑心理，主动学习，逐步转化。

同时教师要仔细研究各类问题学生的特点，采取最佳的教育方式，走进学生的内心世界，用自己的真诚去赢得学生的信任，与他们交朋友、谈心，以关怀、温暖之心去爱护每一位学生，从而赢得学生的亲近和崇敬。

二、关爱学生的所有方面

关爱学生，不仅要关爱所有的学生，而且还要关爱学生的所有方面。不能仅局限于学生的学习，学习是学生的主要任务，但对学生其他方面的关爱也不能忽视。现代社会要求每一位学生不仅要有良好的思想道德，广博的科学文化知识，而且还要有强健的体魄和健康的心理素质。因此，教师对学生的关爱要包含学生的各个方面。

第六章 成为教育"不好"学生的高手

有些学习方面的"尖子生"似乎是大众眼中的"好"学生，实际上他们的心理与他们的成绩并不成正比，因此班主任要关注他们的各个方面。"尖子生"往往因为自己的优秀而获得班主任更多的注目，班主任也会因为"尖子生"的优异而倍感自豪。但高处不胜寒，"尖子生"在得到关注的同时也承受着很多的压力。特别是处于竞争激烈的环境时，"尖子生"有着很强的危机感，偶尔的失误有时候使他们失去信心，甚至否定自己。在这种情况下，班主任要多关注学生的心理健康，而不只是学习成绩的好坏。

备受班主任关注的"尖子生"都能出现问题，他们在班主任关注的同时得到爱护，要班主任细心地呵护他们的心灵。而对于平时不受班主任关注学生而言，在班主任吝啬给予关注的情况下，内心是多么渴望得到关爱。班主任要细心、耐心地读懂每一个学生，从各个方面关爱学生。

平等可以营造融洽，爱心可使枯木复苏。爱，是教育的重要基础，教师应时时处处为学生着想，对待学生的困难，尽力帮助，真诚的关爱、体贴他们，使学生感受老师的亲情，人间的温暖。虽然教师不可能将自己的精力在同一时期平均分给每一个学生，但只要教师心中装着全体学生，用心去关爱每一位学生，就一定能够发现学生身上潜藏的智慧和创造力，就一定能够把教育工作做好。

没有不好的学生，只有不好的教育

第二节　要善于换位思考

"己所不欲，勿施于人"，教师如果能在教育"不好"学生的时候，换位思考，站在学生角度，将心比心，用"学生的心灵"去感受，用"学生的大脑"去思考，用"学生的眼光"去看待，用"学生的情感"去体验，用"学生的兴趣"去爱好，那么，也许会有意想不到的发现。

当学生犯错误本该受到责罚时，如果我们以"假如我是学生"的情感去体会孩子的内心世界，以童心去理解他们的"荒唐"，宽容他们的"过失"，有礼貌地对待他们，让他们时时体验到一种高于母爱，超越友情的师生情，这就可能成为学生改正错误的内在驱动力。

老师常抱怨"不好"的学生不能很好地完成自己布置的家庭作业，如果换一个位置，让老师来完成学生的作业，会有何感受呢？也许，很多老师再也不会布置铺天盖地的作业了，再也不会批评学生作业质量不佳了。

老师常不理解自己在上面苦口婆心，口干舌燥，为什么台下是昏昏欲睡，启而不发？如果换一个位置，让老师坐在台下听着这样一堂堂长时间的"政治课"、"说教课"，会有何感受呢？也许很多老师都会从提高自己的教学艺术入手，牢牢把学生吸引到自己的课堂中吧！

苏霍姆林斯基讲过这样一个故事：他小时候住在一间杂货铺附近，每天都能看到大人把某种东西交给杂货店老板，然后换回自己需要的物品。有一天，他想出一个坏主意，将一把石子递给老板"换"糖，杂货店老板迟疑片刻后收下了石子，然后把糖换给了他。苏霍姆林斯基说："这个老人的善良和对儿童的理解影响了我终身。"这位杂货店老板不是教育家，但他拥有教育者的智慧：他没有用成人的逻辑去分析孩子的行为，而是从孩子的角度，用宽容维护了一个儿童的尊严。

有一位母亲很喜欢带着 5 岁的女儿逛商店，可是女儿却总是不愿意去，母亲觉得很奇怪，商店里琳琅满目、五颜六色的东西那么多，小孩子为什么不喜欢呢？直到有一次，孩子的鞋带开了，母亲蹲下身子为孩子系鞋带时，突然发现了一种从未见过的可怕的景象：眼前晃动着的全是腿和胳膊。于是，她抱起孩子，快步走出商店。从此，即使是必须带孩子去商店的时候，她也是把孩子抱起来。

"蹲下来看看孩子的世界"，与学生换位，反思我们的教育，真的有点可怕。"不好"的学生总爱犯大大小小的错误，我们好多老师不问青红皂白，总是采取一些简单粗暴的方法，比如训斥、罚站，甚至打骂等做法。实际上，你也会发现，这样的做法学生根本不会改正错误，相反可能还会变本加厉，越变越糟。难怪很多老师在教育"不好"的学生之后，没有期待到想象的效果时，也多半觉得委屈，"好心没好报"。其实，这样的大动肝火，不如宽容、谅解和体贴入微的感情上的感化。

陶行知说，"我们必须会变成小孩子才配做小孩子的先生"。在日常教学工作中，我们经常会碰到这样的事情：有时候教师下课铃响了以后，为了要把自己的教学任务完成，就拖了一点时间，而下面的学生大多表示出不耐烦的情感，但大多数上课老师并没有理会，而是站在自己的角度考虑，认为自己是为学生好。大家都觉得自己有理，进而搞得师生关系不和谐。面对这种情况，教师要学会用"移情"的方式，换位的角度思考，学会寻找"黄金分割"点，从而客观认识存在的问题，有效地解决问题。

教师是身份和角色的矛盾统一。如果认为教师首先是身份，其次是角色，那样会把自己的位置抬高，无法走进学生的心灵，甚至会影响对

这份职业的感情；反之，才有可能会用心去对待这份职业。当教师和学生发生矛盾和冲突的时候，如果教师首先扮演的是自己的角色，就会舍下一时的面子，换位思考，很多问题就会得到妥善的解决。相反，如果教师首先代表一个身份的话，很可能由于面子，而使得师生的关系僵化，问题变得复杂。

教师要养成换位思考的良好习惯，时时变换自己的角色，站在家长和学生的角度去换位思考。只有换位思考，才能对事情的前因后果、来龙去脉及性质趋向有更全面、更客观的把握，从而保证自己做出客观、科学的判断和选择。

【案例】

黄静华，上海市尚文初级中学特级教师，全国先进工作者，全国师德标兵，全国三育人先进个人，上海市劳动模范。

"假如是我的孩子"，是黄静华老师从教35年始终坚持的教育格言。她用自己朴实的工作作风和"读懂学生，科学地爱生"的"换位思考"德育艺术，使教育产生了最大的效果。她用"以情感感染情感，用体验激发共鸣，让触动转行动"，诠释了爱的教育力量。

一次，黄静华去北京开会，在电话中得知班上三个男生在逛超市时看到几枝喜欢的圆珠笔，一时控制不住，悄悄放进了自己的口袋。尽管知道这三名学生已知错、认错，但黄静华还是急得寝食不安。

回到上海，一下飞机，她顾不得回家吃晚饭，匆匆赶去超市买了三枝新型、精致的圆珠笔，分别送到了三个小男孩子的家中。孩子们见了黄静华老师，开始都很不安，低着头准备挨批。但黄静华并没有这样做，她对此进行了换位思考："我知道，如果此时我狠狠地批评他们，反而容易使他们产生自暴自弃的心理，因为犯了错误的孩子更渴望得到成人的宽容和信

任，这时要特别注意保护他们的自尊。"

没有斥责，没有严厉的批评，三个孩子拿着老师给的笔，都流下了悔恨的泪水。老师的真诚唤醒了孩子们的良知。不久，其中两个孩子在路上捡到了一只装有现金和重要物品的塑料袋。他们几经周折，才找到了已搬迁的失主——一位年逾古稀的老人。老人家激动不已，特地来到学校，一定要给他们每人50元酬金，以示感谢，可孩子们婉言谢绝了，他们说："这是我们应该做的。"当两个孩子搀扶着老人走出校门时，有谁会想到，这两个孩子前不久还犯了错误呢?

可见，当学生犯错误本该受到责罚时，如果我们以"假如我是学生"的情感去体会孩子的内心世界，以童心去理解他们的"荒唐"，宽容他们的"过失"，有礼貌地对待他们，让他们时时体验到一种高于母爱、超越友情的师生情，这就可能成为学生改正错误的内在驱动力。对孩子来说，有时候宽容比惩罚更有力量。

人性化的教育就是要求教师将心比心，和学生做一个换位思考。想想遇事时我们会想得到什么，不希望得到什么，然后就把想要的给予学生，避免将害怕得到的施加给学生，那么，在教育"不好"的学生时，教师应该怎么样进行"换位思考"?

一、体验感受，善待学生。

有教育前辈曾说过："学生时代曾有过差生经历的老师，更容易体会学困生的难处;学生时代曾有过调皮经历的老师，更容易了解调皮生的心理，这些老师较容易成为好老师。"正是由于这些教师经历过多种学生角色，有着亲身的体验，眼前的学生就是某个时间段自己的再现，清楚"自己"真正需要，知道教育"自己"方法，才使他们更容易走近学生，才使他更容易成为好老师。

教学过程中，我们经常有这样的体会:自己精心准备的教案，上课时却教得很费劲，学生学得也很被动，师生之间缺乏默契。这时，教师就要"换位"思考，考虑学生现有知识状况、理解能力以及抑制他们思维的因素。比如，一个问题提出来以后，学生不配合教师，可能是问题问深了，学生踮着脚也够不着；也可能是问题问浅了，学生认为不屑回答；也可能是问题问得漫无边际，学生无从回答。因此，教师一定要从学生实际出发，注意启发诱导，以期达到"柳暗花明"的境界。

二、倾听心声，理解学生

在教学过程中学生在想什么，这是教师应及时了解的，只有这样才能在教学过程中随时把握住学生思想的脉搏，更好地实现与他们心理上的沟通，引导学生的思路，使学生对学习的知识能有较为深刻的认识和理解。只要我们走进学生的人群中，就不难听到一些凭主观想象不到的学生的心声，它可以有助于我们进行更好、更准确地换位思考。它可以使你急学生之所急，教学生之所需，使你很快成为学生所喜爱的好老师。

教育教学活动是师生的双边活动，但有时由于教育双方分析问题，解决问题的能力不在同一个层面上，有些教学内容在教师看来比较容易，几句话就可以说清楚，但从学生角度看可能存在较大的难度，由此导致在教学内容的理解和接受方式等方面存在比较大的差异，最终造成教学过程中师生交流的障碍。要排除交流的障碍，就需要教师采用换位思考，从学生的角度出发，倾听他们的心声，以帮助他们实现由难到易的转化。

比如在处理课堂上发生的不愉快现象时，北京小学特级教师孙蒲远老师在参加"学习与心理健康促进工程"培训时的感受，值得我们学习和借鉴。孙老师说，培训的第一堂课，放了一张幻灯片，那是学生画的画，画面的课堂上老师讲得唾沫横飞，学生却望着窗外树上的一只小鸟，一副神往的样子。她说，看到这里，她一下子醒悟了，原来枯燥无味的讲课不仅是教师费力不讨好，也让学生活受罪，责任不全在学生。

从此，她尽量增强课堂的趣味性，吸引学生的注意力，她还常常说这样一句话："要求学生做到某种程度时，首先要问一声自己能做到吗？"

最值得一提的是，每当学期末进入了复习阶段，课堂上老师心情不好的时候就多了，原因是学生的积极性没有平时高了，认为自己都懂了，优等生感到乏味，后进生疲于应付。面对程度相差很大的学生在一起听课，如何在课堂上调动每位学生的积极性，真的是值得每位老师思考的问题。我们应该像孙蒲远老师一样换位思考一下，多增强课堂的趣味性，吸引学生的注意力，抓住学生的脑更要抓住学生的心，才能提高课堂的教学效果。

三、以人为本，体贴学生

新课程强调的是以人为本，学生是学习的主题，我们的教育活动都应围绕学生这个主题而开展，换位思考正是体现了这一核心，无论是任课老师还是班主任，在教育工作中遇到问题时，应多为学生考虑一点，从学生的内心感受中去寻找打开成功之门的钥匙。因此，学生退步了，教师不应一味地责备，而要了解学生退步的原因。教师不妨深入到学生的内心世界，用心品读孩子这本书，了解他们的所思、所想，尽快找到问题的症结，帮助学生尽快走出学习的沼泽地。

以人为本就是要发展学生个性，而发展学生个性强调的是接纳，是宽容，是和谐，是快乐，就是让他们将自己的个性和潜能发挥到极致，获得生命的乐趣。

老师们可能都有这样的感受：学生变得越来越"圆滑"了，讲起话来"三分为真，七分为假"，有的甚至是满口谎言。学生为什么会说谎呢？从学生的角度看，一是由于某种原因，不愿或不敢说出事实真相，如学习成绩差，做了不应该做的事，谈话的对方（家长或是教师）比较专制等。这时，学生会为了逃避惩罚而说谎；二是当时情况对自己十分不利，为了保护自己而说谎；三是害怕别人知道自己的隐私而说谎；四是为了哥们义气而说谎；五是不得已说了善意的谎言。因此，一方面，我们要理解学生说谎，宽容地对待他们；另一方面，也要根据事实真相采取相应的方法来引导学生讲真话。

另外，学生能否健康成长，是受心理情绪影响的。情绪反常的学生往往不做作业、不举手，不回答任何问题，易发怒、不合群等。这时，教师要多理解体贴他们，要以人为本，透视学生的内心世界，鼓励他们敞开心扉，帮助他们吸取教训，为他们排除困扰。

总之，教师要多和学生们接触，尤其是你不那么待见的"不好"的学生，了解他们在想什么。只有这样，才能在教育教学中，在实际工作中从学生的利益出发，做到有的放矢，对症下药。

第六章 成为教育"不好"学生的高手

教师专业发展丛书

jiaoshi zhuanye fazhan congshu

没有不好的学生，只有不好的教育

第三节　多一点耐心

某研究所公布的一项关于"学生心中的好老师"的调查显示，在学生心目中，好老师最重要的条件是"耐心引导，懂得教育学生"（30.2%），其次是"与学生交朋友"（13.0%），第三是"关心学生，为学生着想"（12.1%），而"有幽默感"和"有修养内涵，品德高尚"也分别有8.9%的学生选择，而只有4.5%的学生认为一个好的老师最重要具备的条件是"学识渊博"。

从这项调查结果中我们不难看出：耐心是众多学生心目中好教师的基本素养。教师在教育教学活动中对学生有没有耐心或具有耐心的程度怎样，很大程度上反映出了一个教师自我修养的程度。因此，耐心是一名教师的一个重要素质，是师德修养的一个方面。如果一位教师的耐性差，那么他就不是优秀教师，甚至可以说不是一个合格的教师。

教师日常工作之一就是要对那些学习差、品行差、心理有问题的"不好"学生进行个别辅导。这些学生中，有的或许在学习上尚未入门，有的或许是没把学习放在心上，有的或许是家庭环境等因素不好造成学习差，有的或许是对所学的内容没有兴趣，有的或许已养成拖拉作业的不良习惯，有些是迷恋上网，有些热衷打架……

由于教育对象的个体差异，导致学生发展的不平衡，这就要求我们教师在对"不好"学生进行个别辅导时，必须做到诲人不倦，必须要

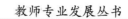

有足够的耐心。俗话说得好："只要功夫深，铁杵也能磨成针。"这正是耐心的一种深刻的体现。

教师担当的是教书育人的重任，既然是重任，当然不可能轻松完成。所以，当自己面对问题学生的顽固不化就要火从口出、恨从手泻时，要提醒自己有耐心。

有些教师时常提醒自己做一个受孩子欢迎的老师，要克制自己急性子的脾气，可是真的碰上个别"不好"的孩子屡教不改时，或故意捣乱时，还真难忍住不发火。可是发火过后，又感觉特别后悔，这也许是许多老师都有的一种同感。且看以下这位老师是如何用耐心这一教育"不好"学生的法宝的。

耐心是教师必备的素质，光有满腔的爱而缺乏耐心，显然是华而不实的。我认为教师首先必备的一种品质便是耐心。在琐碎的日常工作中，所有做教师的都会遇到令人气恼的事情，这是千真万确的情况——随便走入哪一所学校，很轻易地便能听到各种各样的批评声、呵斥声甚至是雷霆霹雳！有同事曾向我诉苦："这样子总是生气真是折寿啊！心肺子都快气炸了，可学生却依然我行我素，未见有什么改变。倒不如工厂里的工人，一天8小时对着机器，没脾气！"唉！这可真是"恨铁不成钢"啊！可是仔细想想，生气又有何益？不但改变不了现状，还伤了自己的心，何苦呢？这样子可能还真的会折寿呢！而拿生气、发脾气的方式来对待那些问题学生，又会有多少效果？微乎其微呀！也许学生一时怕了，可过不了几天老毛病又犯了，到时候真的叫火上加油，为师者又该怒气冲天了吧，这真是恶性循环啊！

而我以为，孩子就是孩子，哪有不犯错误的？在我的经历中，无论哪一年接上哪一个班，我都作好了充分的思想准备：一个班五六十个孩子，肯定会有天资聪颖的，也有愚鲁的；有

第六章 成为教育「不好」学生的高手

乖巧的，也有"满头长角"的；有家教配合默契的，也有家庭不管不问的……总之，作好包容接纳一切的准备。

作为教育工作者，我们的责任和义务是尽最大的努力改善一切。但我们又不能以为自己是救世主，能将所有的一切变得十全十美。过分追求完美的精神终究是悲壮而脆弱的。因为行不通，便会令人失望而反生怀疑厌倦之心。因而不如退而取之：没有最好，只有更好。

基于以上的认识，心态平和了，便也没有必要大发雷霆了。当然，作为其中的一种教育方式，批评也是绝对需要的。但在批评时，我不会大动肝火，额上冒烟。在我的心之深处，有的是理智和冷静，更有那无尽的耐心和广博的爱！

上学期我班学生顾明明十分贪玩，总是不做作业。跟他耐心地讲道理，或者批评，或者用赏识的方法，寻找他的闪光点……总之用了许多办法，他却是外甥打灯笼——照旧（舅），那家庭作业十有八九还是不动的。成绩固然也好不到哪里，时常考不及格。我便和家长联系上了，告之实情，希望他们配合，抓到实处，而非痛骂一顿便算了。结果好了些日子，没多久又犯了，再联系，又好了些。如此反反复复，电话打了许多次，终于弄明白：家长一是工作繁忙，时常加班；二是他们想起来便管管，忘了便算了。唉！这回我真是无话可说，只剩下耐心：哪天孩子作业不做，第二天抽时间叫到身边来补上；总也不做，再打电话；偶有小进步，大加表扬……就这样，孩子的成长还算不糟：没有厌学，偶尔还有成功的喜悦，期末也考了七十几分。

说实话，这个例子实在没有什么出彩的感人之处，结果也未见多大的成功，然而之所以写在这里，因为这便是现实的教师人生——没有辉煌，有的只是一颗平凡的心，其间满含着朴素的爱与耐心。

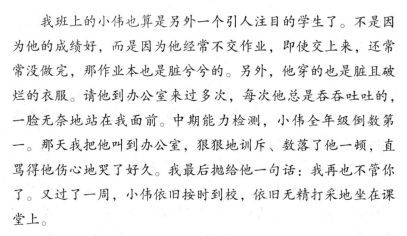

我班上的小伟也算是另外一个引人注目的学生了。不是因为他的成绩好，而是因为他经常不交作业，即使交上来，还常常没做完，那作业本也是脏兮兮的。另外，他穿的也是脏且破烂的衣服。请他到办公室来过多次，每次他总是吞吞吐吐的，一脸无奈地站在我面前。中期能力检测，小伟全年级倒数第一。那天我把他叫到办公室，狠狠地训斥、数落了他一顿，直骂得他伤心地哭了好久。我最后抛给他一句话：我再也不管你了。又过了一周，小伟依旧按时到校，依旧无精打采地坐在课堂上。

又是一个星期五下午放学，我整理好一周的工作笔记，猛然想起昨晚读到的一个故事——《别在冬天砍树》。故事是这样说的：父亲在冬天砍掉了一棵枯树，到了春天，他惊奇地发现树桩上又萌发了一圈新绿。于是父亲对孩子说，当时我真的以为这棵树已经死了，树叶掉得一片不剩，光秃秃的枝丫也不断地往地上落，一点活力也没有。现在才知道，它看似枯死的躯干还蕴藏着活力。所以，不要忘了这个教训，不要在冬天砍树。

小伟是不是正处于"冬天"呢？我是不是就这样将他"砍掉"呢？肩上那沉甸甸的责任驱使我一定要将此事弄个明白。于是，我拿出学生报名册，找到了小伟家的地址。一看，比较远，我决定徒步走到他家，看看小伟每天上学得走多长时间。走了70分钟，我终于到了小伟家。门是开着的，我轻轻地走进屋，一股霉臭味迎面扑来。那是一间极其脏乱的屋子：房里有两张并排安着的床，床上的被盖黑黑的，床边坐着个目光呆滞的女人；窗前地上放着一口锅，锅里还有中午吃剩的面条，那汤里看不到丁点儿油星；地上很脏，俨然很久没有打扫过了；在一个墙角里堆着些废纸、饮料瓶之类的杂物，小伟就蹲在那里，正清理着什么。突然，小伟站起身，发现了我。他

没有不好的学生，只有不好的教育

赶快跑过来，搬来一张小板凳，迅速用衣袖擦去上面的灰尘，让我坐下，然后从床边牵来那个女人对我说："老师，这是我妈。"然后又对他妈说："妈，这是我的班主任老师。"他妈什么也没说，眼睛直直地盯着前方，嘴里不停地说着："嘿嘿，老师！嘿嘿，老师！……"我忍住就要流出的眼泪，听小伟讲他家的事。

他母亲在他满一周岁那年被一辆车撞了，司机开着车跑了。为治好母亲的伤，家里花光了所有的积蓄，还欠了两万多元的债。母亲虽然无大碍，但就成现在这个样子了。现在，父亲在离家不远的建筑工地上打工，很少回家，也很少拿钱回来。他和母亲的生活就全靠他用放学后捡废品去卖得的钱来维持。

听着小伟的叙述，我的心如刀绞。第二天，我打电话约了班上几个有钱人家的孩子，让他们帮着打扫卫生、买菜做饭，同时也让他们受受教育。

后来，在同学们的帮助下，小伟渐渐学会了自己洗衣服，常常是衣着干净地来上学。作业也能按时完成，且卷面整洁。他在学校教导处组织的口算比赛中还获得了三等奖。

许多在老师眼中无药可医的问题学生或许就像那冬天的树，光秃秃的枝干，仿佛枯木一般，但它的内心却在孕育着春天的希望。我们不能强求每种植物都在春天开花。或许春夏都不开花的，在秋天或冬天就能开出美丽的花来。所以，对于暂时处于劣势的人，我们没有理由遗弃他，也没有理由提前下结论，更没有理由讽刺打击挖苦。而我们此时最应该做的，就是悉心呵护他，耐心引导他，真心帮助他，全心滋润他，用善良的心地，用智慧的甘泉唤醒他暂时沉睡的心灵。只要耐心一点，多一点时间给他们，挺过严冬，它就有可能焕发生机。

第四节 赏识"不好"的学生

人性最深刻的原则就是希望别人对自己加以赏识。

在学生的心目中，老师的一句赞美胜过一千句批评。而老师要赞美学生，说起来容易，做起来难。很多老师在"恨铁不成钢"的情绪影响下，对学生往往多了一份挑剔，少了一份赞美，多了一份苛刻，少了一份呵护。就像医生对患者一样"诊断"孩子身上的不足、过失、缺点和毛病，于是有了冷眼、批评、讽刺，甚至体罚。

陶行知先生曾说过：你的教鞭下有瓦特，你的冷眼中有牛顿，你的讥笑中有爱迪生。作为老师，我们是否这样做过呢？生活中并不缺少美，缺少的是发现。每个学生，当然包括那些"不好"的学生，身上都蕴藏着巨大的、不可估量的潜力。我们教师应该成为挖掘学生潜力的第一人。

心理学研究证明：人在受到赞美的时候工作或学习，效果最好。当大家都坚信一个人"行"时候，他就真的能行，哪怕他原本是不行的。

教育实践证明，一些问题生正是通过老师恰当的表扬，燃起了希望的火花，扬起了生活的风帆，从感情上信赖老师，接近集体，产生积极向上愿望的。

赏识更为深远的影响是，它能使"不好"的学生体验到一种自尊感和成功的喜悦，从而激发出追求新的目标和新的成功的强烈要求和愿

望。因此，表扬是良好行为的强化剂，是教育活动中常用的正面激励方式。

【案例】

那天，要不是张明的妈妈向我打探实情，他的"劣迹"恐怕也不会这么快曝光。

"刘老师吗？我是张明的母亲，想向你打探一件事情。"张妈妈说出了心中的疑问："本学期你们班收费是不是很频繁，隔三差五收个十元八元的？"收费是义务教育学校最为敏感的一根神经，上面三令五申不准教师向学生及学生家长伸手，国家的相关政策法规我还是懂的，不要说我们班级，就是我们学校本学期来还从未向学生家长伸过手，我如实说明了情况。"不是说这个星期一要收十元钱的报纸杂志费吗？"张妈妈说得有板有眼。

原来，张妈妈夫妻俩在镇上开了一家裁缝店，平日生意繁忙，鲜有时间顾及孩子的学习情况，不过小家伙还算听话，从小学到初中，成绩一直不错，孩子要个零花钱什么的，夫妻俩从不含糊，更不用说学校收点费了。可本学期以来，孩子要钱要得格外勤。问他，他总说学校又要收某种杂费。时间长了，夫妻俩心底嘀咕开了："就是收费吧，也不可能收得这么勤呀。"这才跑到学校来问个究竟。

这孩子，拿这么多的钱到底干什么去了呢？带着疑问，我细细向班级学生了解情况，问题马上水落石出了。原来，在张明上学的路上有几家网吧，网吧里总挤满了人。尤其是节假日，一堆堆的中小学生总爱到网吧冲浪。起初，老实憨厚的张明只是站在一旁看别人玩，时间长了，也不免手痒，手一痒要收手可就难了，自然是越陷越深，一发不可收拾了。

教育者的责任与良心提醒我，我不能眼看着一朵灿烂的迎春花因为痴迷于上网而变成一枝让人厌恶的罂粟。

我深入分析了一个循规蹈矩的孩子渐渐沦为"网虫"的深层次原因。

首先是网络本身的原因。精彩新奇的网络世界原本对孩子就极有吸引力。各种各样新奇有趣的网络游戏、虚拟空间网友的真情对白与交流……远比课堂上老师枯燥单调的说教有趣得多。其次是张明自身的原因。性格内向，难得跟同学交流，而虚拟的网络世界正好为孩子营造了一个充满梦幻色彩的童话世界，满足了孩子内心的需求，使他在虚拟的世界里寻到了几丝心灵的慰藉，一旦沉迷其中，便难以自拔。再次是青春发育期易形成叛逆心理的原因。老师、父母视网络为洪水猛兽，深恐孩子沾染了这一不良习气。越是约束、压抑，孩子越觉得新奇有趣。于是假借学校收费之名行欺骗家长与老师之实也就不足为怪了。

教育不能一蹴而就，教育需要耐心与机智。刚发现张明小秘密的那两天，我故意没有找他谈心，因为那样做会让他从心底里排斥我，极易形成与我的对立情绪。第三天，我认为时机已成熟，把他叫进了办公室。也许他自知行迹败露，怯怯地站在我对面，半晌抬不起头来。摆明了他这是做好了迎接狂风暴雨的准备，单等我的训斥。

"今天我是叫你帮忙来了。"他抬起头，不太相信似的看了我一眼。我发觉他原本紧张的神经稍稍松弛了些许。"说明白一点，我是让你给老师当一回'老师'。你知道，我虽然也玩电脑，但顶多是个'三脚猫'，至今连QQ号都不知如何申请。闲来无事，老师也想上网聊聊天，结交新朋友，你该不会笑老师愚笨吧？说句实在话，我还挺不好意思向别的老师请教的，我这个人虚荣心挺重的，只好向自己的学生求助了。"他很惊诧，眉宇间露出些许得意的神情。他做梦都想不到，堂堂

的班主任老师不仅没有批评他前些日子的放纵，反而要向他求助，于是热情地为我在网络上申请了个QQ号。

我极真诚地对他说："你是老师教过的为数不多的极聪明的学生之一，思维敏捷，接受能力强，只要不分心，用心学习，将来定会有个美好的前途。"拍马屁本不是我的强项，但为了教育好学生，我豁出去了。我一个马屁拍过去，他果然心花怒放，全不见刚进来时畏畏缩缩的模样。"我知道网络对你挺有吸引力的，这不见得一定是坏事。如今是知识经济时代，网络能帮助我们走出狭窄的小天地，更陕捷地接受时代最进步的思潮。但网络又是一把双刃剑，一味沉迷其中不能自拔又会毁灭一个人，尤其是缺乏自制力与鉴别力的孩子，因此，如何走进网络可是大有学问的。你认为呢？"

我的一番推心置腹的话语终于赢得了张明内心的认同。"我误解您了，老师。我保证听从您的教诲，不再偷偷摸摸去上网了。"两行悔悟的泪水尽情地滴落在办公室的水泥地上。这一拍一激效果果然良好。我于是趁热打铁："有一件事老师不好意思向你开口，但在我们班，就数你是电脑方面的行家。喜欢上网的同学在我们班也有那么一群，我知道堵是堵不住的，只能疏。我想在班里成立计算机课外兴趣小组，让无所不能的互联网真正为我们班级服务，我想让你担任小组长，你应该不会让老师失望吧？"他很爽快地接受了我的任命。

往后的日子，张明果然不负重托，不时为班级的电脑迷们讲解有关的电脑知识，还主动为班级建立了网站，并不时充实新的内容，网站的开通更拉近了我与班级同学的距离，学生们有了疑难与困惑也乐于在班级网站上倾诉，我也能通过网站更便捷地了解学生们的思想动态。一段时间下来，班级的凝聚力更强了，这都得益于我那招赏识激励法。如今，不但张明本人不再沉迷其中，还带动班级其他"网虫们"也从畸形的"恋网"情结中走了出来。

赏识激励要求老师要像在骨头上挑肉一样，戴着放大镜去寻找学生可供赏识之处，对学生的缺点、失误尽可能地给以宽容、谅解。赏识激励更要求老师及时给学生创造一个改正缺点错误的机会，并进而指导学生进行自我反思与体验。因为老师的赏识激励并不能改变与扭转一切，只有当学生用实践把老师的赏识激励转化为自己真切的体验与感悟，才能清晰地发现自我、正视自我，有效地调控自我，才能使内驱力稳定发展。

当然，赏识和表扬不是万能的，也不能泛泛而谈，而是要掌握一定的原则。

一、以鼓励为主的原则。

教师的鼓励是学生进步的动力，尤其是问题生，班主任要热心地关照他们，耐心地做好他们的转化工作。缺点不是问题生所固有的，教师要善于发现他们的长处，善于寻找闪光点，鼓励他们进步。他们取得的成绩哪怕是点滴的，都是难能可贵的，老师要给予及时的表扬、热情鼓励。教师要像严父慈母般地对待他们，同时要和他们多结交朋友，使他们生活在班集体中得到温暖，给他们创造转化的环境。

二、以引导为主的原则。

进步并不是优秀学生的专利，问题生也有进步的心理要求，有时甚至也很强烈。当先进学生站在领奖台前，他们投以敬佩的目光，给以热烈的掌声，同时也以异样的心情联想到自己，有的小学生在会后竟情不自禁地跑到老师跟前说："老师，我能不能获奖？"有的还说："老师！我今后应该怎么做？"要求上进的火花在这些孩子的心灵上茫然升起。教师在给予他们精神鼓励的同时，要给他们指出进步的方向，改正错误的措施，并做到经常检查和督促，做后进生的知心人、引路人。

第六章 成为教育『不好』学生的高手

没有不好的学生，只有不好的教育

三、以促进转化为主的原则。

"好"与"不好"是相对而言的，一切事物都是发展变化的，"不好"的学生也不是固定不变的，也可以向好的方面转化。教师对他们的转化教育不能急躁，要像医生对待病人一样。特别要培养学生的自尊心和自信心，要做到动之以情，深于父母；晓之以理，细如雨丝，使他们缺点得以克服，优点和长处得到更好地发挥，逐步得到转化向先进行列迈进。

四、扬长避短、长善救失的原则。

尺有所短，寸有所长。在公开场合，教师要尽量避开谈论问题学生的过失或不足，以减轻他们精神上的负担和压力，绝不能采取粗暴、压服的教育方式。

第五节　善用批评的艺术

　　如果说表扬是抚慰"不好"学生灵魂的阳光，那么批评就是照耀"不好"学生灵魂的镜子，能让"不好"学生更加真实地认识自己。恰当的表扬如春风拂面令人信心百倍，而朋友提醒式的批评则如和风细雨般荡涤心灵。

　　我们知道提醒式的批评比较能让学生接受，而尖刻的数落、粗暴的训斥和恶意的挖苦，很可能会导致学生对老师产生恐惧、反感、憎恨，以致成绩下降或酿成意想不到的后果。

　　当然，教师在面对"不好"的学生时，常常会恨铁不成钢，虽是好心，但应讲究方法，不能一味的苛责，应该带着善意、带着激励。要知道，批评是柄双刃剑，它能鞭策学生，也能刺伤学生。所以老师在用的时候不能随意，要让学生感觉到批评也是一种爱的表达方式。"严在当严处，爱在细微中。"老师只有把"不好"学生当成自己的朋友，才能走进学生的心灵。

　　有效的、成功的批评，可以改变一个人，塑造一个人，可以将其引向成功的巅峰。所以我们的批评应该是善意的，而非恶意的；我们的批评应该是一种激励、鞭策，而不是打击、贬损；我们的批评应该是维护人的尊严，而不是辱没人格；是爱而不是恨。

【案例】

陶行知先生当校长的时候，有一天看到一位男生用砖头砸同学，便将其制止并叫他到校长办公室去。当陶校长回到办公室时，男孩已经等在那里了。

陶行知掏出一颗糖给这位同学："这是奖励你的，因为你比我先到办公室。"接着他又掏出一颗糖，说："这也是给你的，我不让你打同学，你立即住手了，说明你尊重我。"

男孩将信将疑地接过第二颗糖，陶先生又说道："据我了解，你打同学是因为他欺负女生，说明你很有正义感，我再奖励你一颗糖。"

这时，男孩感动得哭了，说："校长，我错了，同学再不对，我也不能采取这种方式。"陶先生于是又掏出一颗糖："你已认错了，我再奖励你一块。我的糖发完了，我们的谈话也结束了。"

为了使批评能够收到良好的效果，教师在对"不好"的学生进行批评教育之前，要弄清"不好"的学生错误的事实和来龙去脉，进行符合实际的恰如其分的批评。要有耐心，允许学生申辩，并通过摆事实、讲道理帮助他们认识错误，指出改正的办法，启发他们自觉改正。

与此同时，要充分估计被批评者可能作出的反应，设法防止其反应的消极方面。要从团结的愿望出发，尊重学生的人格，鼓励学生自我改正的信心。作为教师要教育学生正确对待批评，不讳疾忌医，不因受到批评而失去上进的信心。

作为一名教师不仅要掌握批评的含义和目的，还必须掌握批评"不好"学生的语言艺术。教师对"不好"学生的批评必须怀着爱心，否则说出话来，就会变成另一个样子。同样的情绪，怀着爱心，含着理解，说出话来就是教育型的，反之，就是非教育型的。

因此，教师对"不好"学生的批评，要注意语言的运用。批评的语言艺术是指在教育过程中，运用语言来否定、抑制和纠正学生的错误行为的技巧与能力。成功的批评，能使"不好"的学生心悦诚服地接受教育。具体地，班主任要有艺术地开展批评，应该做到以下几点。

一、批评时要有诚恳的、与人为善的态度。

班主任批评"不好"的学生是为了帮助、教育学生，是为了把他们身上的各种优点和长处都充分地发挥出来，是为了调动他们身上的一切积极因素，而不是为了泄愤整人，或专在学生身上寻找缺点和错误，把学生搞得灰溜溜的。

批评不是主人对仆人的训斥和责备，而是主人翁之间思想上的互相沟通、互相帮助。所以，批评时要善意，要讲究艺术，要有强烈的团结学生、教育学生的感情，即使是严厉的批评，也应达到增进团结和友谊的作用。

二、批评要注意多肯定，少否定，批评中有赞扬。

每一个学生在其学习生活的每一个阶段，必然都有不同程度的进步，也必然会出现这样那样的缺点。班主任的职责就是恰当运用表扬与批评的方法，指导学生身心健康发展。然而，多数学生喜欢听表扬话，不愿听批评话，甚至一听批评就心理逆反。因此，我们在批评其不足之前，应真诚赞扬他的进步，如果能巧妙地用赞扬其进步代替批评其不足，效果肯定更好。

教师对"不好"学生的批评，尤其应多用肯定、启发、开导的语言和语气，最好不用或少用"不准"、"不行"、"不能"、"不要"。否定式语言不利于保持学生的积极性，不利于培养他们的主动精神和独立分析问题、解决问题的能力。

没有不好的学生，只有不好的教育

三、批评时选择恰当的词语，巧妙指出"美中不足"。

一些班主任在批评"不好"的学生时也先用赞扬的原则，但他们在赞扬之后却来了一个明显的转折，学生称其为"'但是'后面做文章"。有的学生一听"但是"二字就反感，认为老师前边的表扬是言不由衷，是批评的前奏。其结果，不但批评不会收获，使前边的表扬也被学生理解为虚情假意了。如果我们不用"但是"这一转折词，效果就可能不同。

例如："你这个阶段进步较快，如果你能进一步抓好课堂听讲和课后复习两个环节，相信你的学习成绩会进步更快。"这样的间接提醒，比"但是"后面直接批评的效果更好，学生也乐于接受。

四、将问号变成句号，批评也要有理、有节、有度。

一些老师习惯于以各种各样的问号来批评"不好"的学生，诸如"你这样做有什么好处？""你知道这么做的严重后果吗？"等等。这种带问号的批评常常使学生窘迫不堪，只能咬着嘴唇像接受审判那样对待批评。这种批评是教师镇住学生的绝好武器，但却不大为学生所接受。当它出现时，被批评的学生就会本能地产生防御心理。

合理的批评方式，应该是摆事实，讲道理，合情入理，以理服人，要口气温和，态度和蔼；要平等商讨，消除对抗；要正面引导，多加勉励；要严于责己，"心理换位"；要注意分寸，留有余地。不要挖苦讽刺，乱扣帽子；不要随意责骂，造成对立；不要类比推断，乱下结论；不要无限上纲，矛盾上交；不要全盘否定，警告驱逐。

第六节　不断修炼人生境界

　　成为教育"不好"学生的高手，并不是一朝一夕的事，可能是毕其一生之功，它是综合素质的突出体现，也是大众认同的必然结果。所以，并不是所有教师都能成为教育"不好"学生的高手。事实如此，那我们还有必要去追求、去奋斗吗？答案当然是肯定的。

　　我们不一定能成为教育"不好"学生的高手，但我们一定要有颗成为"高手"的心。因为理想、追求的高低，往往会决定一个人事业成功的大小。"高手"意味着自己的人生价值得到了最充分的实现。"高手"的称号，虽不能代表全部，但却是衡量教师成就大小的最好、最简单明了的尺子之一。

　　成为教育"不好"学生高手的奋斗过程是一个净化精神的过程，一个终身学习的过程，一个全面超越自我的过程。很多普通教师都是通过这些磨炼才成为高手的。可以说这就是高手成长所必须经历的一个过程。那么要想成为教育问题学生的高手，如何修炼人生境界呢？

一、终身学习

　　有人这样说，一个博学多才的老师不仅是具有演说家的口才和艺术家的风采，还要让学生从语言到行动上都羡慕他、模仿他，而且还要是一个不断学习、勤奋学习、善于学习、终身学习的老师。"学而时习

之，不亦乐乎？"新修订的《中小学教师职业道德规范》中明确指出：教师要树立终身学习的理念。

俗话说得好："书到用时方恨少。""书籍是人类的朋友，是人类进步的阶梯。"不错，的确是这样。苏霍姆林斯基在许多条建议中都提到，教师要提高自己的教育素养，就是要读书，读书，再读书。要把读书当作第一精神需要，当作饥饿者的食物。要有读书的兴趣，要喜欢博览群书，要能在书本面前坐下来，深入地思考。确实，教师教给学生的那点基础知识，只是沧海一粟，教师要想提高自己的教育水平，在教学时游刃有余，在对"不好"的学生进行心理辅导和行为纠正，这就需要持之以恒地读书，不断地补充自己的知识的储备，使自己的知识海洋变得越来越宽广。

只有读书，才能从知识的海洋里汲取营养，才能充实头脑，提升思想，才能让教师摆脱"坐吃山空"、"无物可教"的尴尬境地！苏霍姆林斯基说过："一个真正的人应当在灵魂深处有一份精神宝藏，这就是他通宵达旦地读过一二百本书。"

在网络普及、通讯发达、信息爆炸的今天，学生信息的来源很多，知识老化的周期很短，更新的速度很快。只有不断学习，随时更新储备知识，才能成为一名合格的教师。

二、以身作则

作为一名教师，如何转化那些"不好"的学生？是让他们的学习成绩提高吗？这又不免落入应试教育的窠臼。实际上，要转化他们，更重要的是要教其如何做人。

而事实上，做人是没有办法"教"的。因为如果教师本人做人有问题的话，他又如何能"教"出会做人的学生？经历了实践磨练的教育者一定知道，有效的教育不是说教，而是身教。林语堂曾说："在牛津、剑桥，那些老师怎么去教学生？他们把学生叫来，一边抽着烟斗，一边天南海北地聊天，学生被它们的烟和谈话熏着，就这么熏出来

没有不好的学生，只有不好的教育

了。"当一名教师真正能够以身作则，他的一举一动，一言一行都是教育。

叶圣陶曾说，"做教师最主要的是不说假话。要求学生做到的，自己要先做到"。在老师眼中，"不好"的学生身上劣迹斑斑：抽烟、喝酒、打架、斗殴、上网吧、作弊、早恋……实在难管。可是，只要仔细观察就会发现，有些学生的问题恰恰出在教师自己身上。有的教师不允许学生上网聊天、打游戏，自己却躲在办公室里偷偷上网聊天、打扑克、玩游戏；有的教师不允许学生佩带手机，自己却当着学生的面发短信；有的教师不允许学生喝酒，自己却红头涨脸醉醺醺地站在讲台上，连书都忘带了。教育学生讲究卫生，不随便吃零食，不乱扔垃圾，保持教室和宿舍里的干净整洁，而自己的办公室却从来不打扫，瓜子壳、水果皮扔得满地都是，脏了支派学生来清理；教育学生对人有礼貌，主动打招呼，可是面对学生的问候却是一脸的麻木，一脸的严肃；教育学生讲诚信，可教师参加各类考试时，却想尽一切办法作弊；教育学生要讲团结，相互尊重，可是教师之间为了当优秀，评职称而争得面红耳赤。学校无小事，处处是教育，教师无小节，处处皆楷模。古人云："其身正，不令则行；其身不正，虽令不行。"教师的率先垂范，比任何说教都来的实效。要求"不好"学生做到的，自己先做到，这样无声的教育才是真正的有效教育。

美国当代著名心理学家阿伯特·杜拉认为，影响学生道德学习的因素很多，但是，其中起决定作用的是行为主体的观察或对榜样模式的模仿。

首先，学习者通过观察、模仿别人的行为，可以获得新的反应方式；其次，通过观察和模仿，可以抑制已习得的反应，也可以解脱对这一行为的抑制，即当学习者观察到某一反应受到惩罚时，就会降低他对这一反应的模仿，反之，当学习者看到这一反应受到奖励时，就会消除对模仿这一反应的抑制；第三，观察和模仿可以激励或强化原有的行为倾向和行为模式。

要想对"不好"的学生取得好的教育效果，最大的、最好的、最经常的榜样是我们教师自己。最好的教育方式是教师的言于行。教师是学生心目中的榜样，在推进素质教育的今天，教师更应该提高自身素质，树立职业道德，以高尚的道德风范去影响学生，当好学生健康的指导者和引路人。

三、不断积累教育智慧

教育智慧是教师在教育活动中一种系统的整合性的智慧。它是一种教育境界，包含教育机智、教育意识、教育能力、教育艺术等，具有解决各种结构性冲突并善于将内外各种因素实现优化组合的能力。

教育智慧有三个要素，具备这三个要素的教师，我们可以称之为有教育智慧的人。

1. 了解学生心理，掌握学生细致入微的心理活动，能与学生进行心灵沟通，通过自身的言行影响学生，使学生积极地、创造性地投入学校生活。

2. 具有开放的、活跃的思维态势。不墨守成规，经常多思，质疑，能打破线性思维的束缚，能根据对象实际和面临的情况，敏锐感受，准确判断，把握时机。能及时转化教育矛盾的冲突，从新的角度寻找出路，迅速调整自己教育行为的机智。

3. 具有不断反思的能力，能从自己的教育实践和周围发生的教育现象中发现问题，对日常工作保持一种经常思索的习惯，由此不断改进自己的工作，提高自己主动适应的能力。

【案例】

有这样一个孩子，他非常聪明，也非常顽皮，开始的时候凭着小聪明，成绩勉强还过得去。后来，家长不管，老师不问，学习成绩一落千丈，变成了令老师和家长苦不堪言的问题学生。不过，出乎人意料的是，虽然其他成绩糟糕透顶，但是有一门学科他却学得非常好，中考的时候这门课竟然考了全班第一，这门学科就是被大多数学生讨厌的政治。

该生的政治老师就是一个颇具教育智慧的人。一次，政治课上，政治老师提了一个曾经在课上讲解过的简单问题，指名叫这个孩子回答。这个孩子因为平时上课都不听讲，所以根本回答不出来。不过，他非但不觉得惭愧，还摆出一副满不在乎的样子。不过，令人颇感意外的是，政治老师并没有当面训斥他，而是微笑着请他坐下，继续上课。

过了几天，又是政治课，政治老师面带笑容地把上次提问这个孩子的问题又问了一遍，并且仍然让他回答。这个孩子还是如上次一样，不会作答。政治老师仍然微笑着让他坐下了。不过，这次这个孩子不再是像上次那样满不在乎，而是垂下了头。

又是一节政治课，这位政治老师不厌其烦地又叫这个孩子回答上次那个同样的问题。这一次，孩子早有准备，流利地答出了老师的问题。政治老师十分高兴地赞许他说："我就知道你一定行！你不会让老师失望的！"

后来，这个孩子虽然对其他科目不怎么用心，但是政治课却上得格外卖力，于是到了中考的时候政治就取得了一鸣惊人的成绩！

试想，如果其他科目的老师也能如法炮制，那么这个孩子的成绩会如此吗？所以，永远不要认为一个孩子无药可救，没有"不好"的学生，只有不好的教育。我们的老师一定要坚信，办法总比困难多，改变"不好"学生的方法一定存在，只是自己还没有找到。

条条大路通罗马，让"不好"的学生回归正途的路也有千万条。成长对"不好"的学生来说，是一件痛苦的事情。俗话说，浪子回头金不换。其实，根本就没有什么所谓不好的学生，这些学生只是在成长

教师专业发展丛书

jiaoshi zhuanye fazhan congshu

过程中出现了一些问题，就像新生的小树长出了支支杈杈，我们的老师只要学会运用教育智慧，将他们"修剪"一番，他们一样可以苗壮成长。解决学生成长中的问题可以看成是一个化蛹成蝶的过程。一把钥匙开一把锁，每一个问题学生问题的解决都是一次教育智慧运用的过程，而教师也可以在这个过程中不断获得成长！

没有不好的学生，只有不好的教育

附 录

中华人民共和国义务教育法

（1986 年 4 月 12 日第六届全国人民代表大会第四次会议通过　2006 年
6 月 29 日第十届全国人民代表大会常务委员会第二十二次会议修订）

第一章　总则

第一条　为了保障适龄儿童、少年接受义务教育的权利，保证义务教育的实施，提高全民族素质，根据宪法和教育法，制定本法。

第二条　国家实行九年义务教育制度。

义务教育是国家统一实施的所有适龄儿童、少年必须接受的教育，是国家必须予以保障的公益性事业。

实施义务教育，不收学费、杂费。

国家建立义务教育经费保障机制，保证义务教育制度实施。

第三条　义务教育必须贯彻国家的教育方针，实施素质教育，提高教育质量，使适龄儿童、少年在品德、智力、体质等方面全面发展，为培养有理想、有道德、有文化、有纪律的社会主义建设者和接班人奠定基础。

第四条　凡具有中华人民共和国国籍的适龄儿童、少年，不分性别、民族、种族、家庭财产状况、宗教信仰等，依法享有平等接受义务教育的权利，并履行接受义务教育的义务。

第五条　各级人民政府及其有关部门应当履行本法规定的各项职责，保障适龄儿童、少年接受义务教育的权利。

适龄儿童、少年的父母或者其他法定监护人应当依法保证其按时入学接受并完成义务教育。

依法实施义务教育的学校应当按照规定标准完成教育教学任务，保证教育教学质量。

社会组织和个人应当为适龄儿童、少年接受义务教育创造良好的环境。

第六条　国务院和县级以上地方人民政府应当合理配置教育资源，促进义务教育均衡发展，改善薄弱学校的办学条件，并采取措施，保障农村地区、民族地区实施义务教育，保障家庭经济困难的和残疾的适龄儿童、少年接受义务教育。

国家组织和鼓励经济发达地区支援经济欠发达地区实施义务教育。

第七条　义务教育实行国务院领导，省、自治区、直辖市人民政府统筹规划实施，县级人民政府为主管理的体制。

县级以上人民政府教育行政部门具体负责义务教育实施工作；县级以上人民政府其他有关部门在各自的职责范围内负责义务教育实施工作。

第八条　人民政府教育督导机构对义务教育工作执行法律法规情况、教育教学质量以及义务教育均衡发展状况等进行督导，督导报告向社会公布。

第九条　任何社会组织或者个人有权对违反本法的行为向有关国家机关提出检举或者控告。

发生违反本法的重大事件，妨碍义务教育实施，造成重大社会影响的，负有领导责任的人民政府或者人民政府教育行政部门负责人应当引咎辞职。

第十条　对在义务教育实施工作中做出突出贡献的社会组织和个人，各级人民政府及其有关部门按照有关规定给予表彰、奖励。

第二章　学生

第十一条　凡年满六周岁的儿童，其父母或者其他法定监护人应当送其入学接受并完成义务教育；条件不具备的地区的儿童，可以推迟到七周岁。

适龄儿童、少年因身体状况需要延缓入学或者休学的，其父母或者其他法定监护人应当提出申请，由当地乡镇人民政府或者县级人民政府教育行政部门批准。

第十二条　适龄儿童、少年免试入学。地方各级人民政府应当保障适龄儿童、少年在户籍所在地学校就近入学。

父母或者其他法定监护人在非户籍所在地工作或者居住的适龄儿童、少年，在其父母或者其他法定监护人工作或者居住地接受义务教育的，当地人民政府应当为其提供平等接受义务教育的条件。具体办法由省、自治区、直辖市规定。

县级人民政府教育行政部门对本行政区域内的军人子女接受义务教育予以保障。

第十三条　县级人民政府教育行政部门和乡镇人民政府组织和督促适龄儿童、少年入学，帮助解决适龄儿童、少年接受义务教育的困难，采取措施防止适龄儿童、少年辍学。

居民委员会和村民委员会协助政府做好工作，督促适龄儿童、少年入学。

第十四条　禁止用人单位招用应当接受义务教育的适龄儿童、少年。

根据国家有关规定经批准招收适龄儿童、少年进行文艺、体育等专业训练的社会组织，应当保证所招收的适龄儿童、少年接受义务教育；自行实施义务教育的，应当经县级人民政府教育行政部门批准。

第三章　学校

第十五条　县级以上地方人民政府根据本行政区域内居住的适龄儿童、少年的数量和分布状况等因素，按照国家有关规定，制定、调整学校设置规划。新建居民区需要设置学校的，应当与居民区的建设同步进行。

第十六条　学校建设，应当符合国家规定的办学标准，适应教育教学需要；应当符合国家规定的选址要求和建设标准，确保学生和教职工安全。

第十七条　县级人民政府根据需要设置寄宿制学校，保障居住分散的适龄儿童、少年入学接受义务教育。

第十八条　国务院教育行政部门和省、自治区、直辖市人民政府根据需要，在经济发达地区设置接收少数民族适龄儿童、少年的学校（班）。

第十九条　县级以上地方人民政府根据需要设置相应的实施特殊教育的学校（班），对视力残疾、听力语言残疾和智力残疾的适龄儿童、少年实施义务教育。特殊教育学校（班）应当具备适应残疾儿童、少年学习、康复、生活特点的场所和设施。

普通学校应当接收具有接受普通教育能力的残疾适龄儿童、少年随班就读，并为其学习、康复提供帮助。

第二十条　县级以上地方人民政府根据需要，为具有预防未成年人犯罪法规定的严重不良行为的适龄少年设置专门的学校实施义务教育。

第二十一条　对未完成义务教育的未成年犯和被采取强制性教育措施的未成年人应当进行义务教育，所需经费由人民政府予以保障。

第二十二条　县级以上人民政府及其教育行政部门应当促进学校均衡发展，缩小学校之间办学条件的差距，不得将学校分为重点学校和非重点学校。学校不得分设重点班和非重点班。

县级以上人民政府及其教育行政部门不得以任何名义改变或者变相改变公办学校的性质。

第二十三条　各级人民政府及其有关部门依法维护学校周边秩序，保护学生、教师、学校的合法权益，为学校提供安全保障。

第二十四条　学校应当建立、健全安全制度和应急机制，对学生进行安全教育，加强管理，及时消除隐患，预防发生事故。

县级以上地方人民政府定期对学校校舍安全进行检查；对需要维修、改造的，及时予以维修、改造。

学校不得聘用曾经因故意犯罪被依法剥夺政治权利或者其他不适合从事义务教育工作的人担任工作人员。

第二十五条　学校不得违反国家规定收取费用，不得以向学生推销或者变相推销商品、服务等方式谋取利益。

第二十六条　学校实行校长负责制。校长应当符合国家规定的任职条件。校长由县级人民政府教育行政部门依法聘任。

第二十七条　对违反学校管理制度的学生，学校应当予以批评教育，不得开除。

第四章　教师

第二十八条　教师享有法律规定的权利，履行法律规定的义务，应当为人师表，忠诚于人民的教育事业。

全社会应当尊重教师。

第二十九条　教师在教育教学中应当平等对待学生，关注学生的个体差异，因材施教，促进学生的充分发展。

教师应当尊重学生的人格，不得歧视学生，不得对学生实施体罚、变相体罚或者其他侮辱人格尊严的行为，不得侵犯学生合法权益。

第三十条　教师应当取得国家规定的教师资格。

国家建立统一的义务教育教师职务制度。教师职务分为初级职务、中级职务和高级职务。

第三十一条　各级人民政府保障教师工资福利和社会保险待遇，改善教师工作和生活条件；完善农村教师工资经费保障机制。

教师的平均工资水平应当不低于当地公务员的平均工资水平。

特殊教育教师享有特殊岗位补助津贴。在民族地区和边远贫困地区工作的教师享有艰苦贫困地区补助津贴。

第三十二条　县级以上人民政府应当加强教师培养工作，采取措施发展教师教育。

县级人民政府教育行政部门应当均衡配置本行政区域内学校师资力量，组织校长、教师的培训和流动，加强对薄弱学校的建设。

第三十三条　国务院和地方各级人民政府鼓励和支持城市学校教师和

高等学校毕业生到农村地区、民族地区从事义务教育工作。

国家鼓励高等学校毕业生以志愿者的方式到农村地区、民族地区缺乏教师的学校任教。县级人民政府教育行政部门依法认定其教师资格，其任教时间计入工龄。

第五章　教育教学

第三十四条　教育教学工作应当符合教育规律和学生身心发展特点，面向全体学生，教书育人，将德育、智育、体育、美育等有机统一在教育教学活动中，注重培养学生独立思考能力、创新能力和实践能力，促进学生全面发展。

第三十五条　国务院教育行政部门根据适龄儿童、少年身心发展的状况和实际情况，确定教学制度、教育教学内容和课程设置，改革考试制度，并改进高级中等学校招生办法，推进实施素质教育。

学校和教师按照确定的教育教学内容和课程设置开展教育教学活动，保证达到国家规定的基本质量要求。

国家鼓励学校和教师采用启发式教育等教育教学方法，提高教育教学质量。

第三十六条　学校应当把德育放在首位，寓德育于教育教学之中，开展与学生年龄相适应的社会实践活动，形成学校、家庭、社会相互配合的思想道德教育体系，促进学生养成良好的思想品德和行为习惯。

第三十七条　学校应当保证学生的课外活动时间，组织开展文化娱乐等课外活动。社会公共文化体育设施应当为学校开展课外活动提供便利。

第三十八条　教科书根据国家教育方针和课程标准编写，内容力求精简，精选必备的基础知识、基本技能，经济实用，保证质量。

国家机关工作人员和教科书审查人员，不得参与或者变相参与教科书的编写工作。

第三十九条　国家实行教科书审定制度。教科书的审定办法由国务院教育行政部门规定。

未经审定的教科书，不得出版、选用。

第四十条　教科书由国务院价格行政部门会同出版行政部门按照微利原则确定基准价。省、自治区、直辖市人民政府价格行政部门会同出版行政部门按照基准价确定零售价。

第四十一条　国家鼓励教科书循环使用。

第六章　经费保障

第四十二条　国家将义务教育全面纳入财政保障范围，义务教育经费由国务院和地方各级人民政府依照本法规定予以保障。

国务院和地方各级人民政府将义务教育经费纳入财政预算，按照教职工编制标准、工资标准和学校建设标准、学生人均公用经费标准等，及时足额拨付义务教育经费，确保学校的正常运转和校舍安全，确保教职工工资按照规定发放。

国务院和地方各级人民政府用于实施义务教育财政拨款的增长比例应当高于财政经常性收入的增长比例，保证按照在校学生人数平均的义务教育费用逐步增长，保证教职工工资和学生人均公用经费逐步增长。

第四十三条　学校的学生人均公用经费基本标准由国务院财政部门会同教育行政部门制定，并根据经济和社会发展状况适时调整。制定、调整学生人均公用经费基本标准，应当满足教育教学基本需要。

省、自治区、直辖市人民政府可以根据本行政区域的实际情况，制定不低于国家标准的学校学生人均公用经费标准。

特殊教育学校（班）学生人均公用经费标准应当高于普通学校学生人均公用经费标准。

第四十四条　义务教育经费投入实行国务院和地方各级人民政府根据职责共同负担，省、自治区、直辖市人民政府负责统筹落实的体制。农村义务教育所需经费，由各级人民政府根据国务院的规定分项目、按比例分担。

各级人民政府对家庭经济困难的适龄儿童、少年免费提供教科书并补

助寄宿生生活费。

义务教育经费保障的具体办法由国务院规定。

第四十五条 地方各级人民政府在财政预算中将义务教育经费单列。

县级人民政府编制预算，除向农村地区学校和薄弱学校倾斜外，应当均衡安排义务教育经费。

第四十六条 国务院和省、自治区、直辖市人民政府规范财政转移支付制度，加大一般性转移支付规模和规范义务教育专项转移支付，支持和引导地方各级人民政府增加对义务教育的投入。地方各级人民政府确保将上级人民政府的义务教育转移支付资金按照规定用于义务教育。

第四十七条 国务院和县级以上地方人民政府根据实际需要，设立专项资金，扶持农村地区、民族地区实施义务教育。

第四十八条 国家鼓励社会组织和个人向义务教育捐赠，鼓励按照国家有关基金会管理的规定设立义务教育基金。

第四十九条 义务教育经费严格按照预算规定用于义务教育；任何组织和个人不得侵占、挪用义务教育经费，不得向学校非法收取或者摊派费用。

第五十条 县级以上人民政府建立健全义务教育经费的审计监督和统计公告制度。

第七章 法律责任

第五十一条 国务院有关部门和地方各级人民政府违反本法第六章的规定，未履行对义务教育经费保障职责的，由国务院或者上级地方人民政府责令限期改正；情节严重的，对直接负责的主管人员和其他直接责任人员依法给予行政处分。

第五十二条 县级以上地方人民政府有下列情形之一的，由上级人民政府责令限期改正；情节严重的，对直接负责的主管人员和其他直接责任人员依法给予行政处分：

（一）未按照国家有关规定制定、调整学校的设置规划的；

（二）学校建设不符合国家规定的办学标准、选址要求和建设标准的；

（三）未定期对学校校舍安全进行检查，并及时维修、改造的；

（四）未依照本法规定均衡安排义务教育经费的。

第五十三条　县级以上人民政府或者其教育行政部门有下列情形之一的，由上级人民政府或者其教育行政部门责令限期改正、通报批评；情节严重的，对直接负责的主管人员和其他直接责任人员依法给予行政处分：

（一）将学校分为重点学校和非重点学校的；

（二）改变或者变相改变公办学校性质的。

县级人民政府教育行政部门或者乡镇人民政府未采取措施组织适龄儿童、少年入学或者防止辍学的，依照前款规定追究法律责任。

第五十四条　有下列情形之一的，由上级人民政府或者上级人民政府教育行政部门、财政部门、价格行政部门和审计机关根据职责分工责令限期改正；情节严重的，对直接负责的主管人员和其他直接责任人员依法给予处分：

（一）侵占、挪用义务教育经费的；

（二）向学校非法收取或者摊派费用的。

第五十五条　学校或者教师在义务教育工作中违反教育法、教师法规定的，依照教育法、教师法的有关规定处罚。

第五十六条　学校违反国家规定收取费用的，由县级人民政府教育行政部门责令退还所收费用；对直接负责的主管人员和其他直接责任人员依法给予处分。

学校以向学生推销或者变相推销商品、服务等方式谋取利益的，由县级人民政府教育行政部门给予通报批评；有违法所得的，没收违法所得；对直接负责的主管人员和其他直接责任人员依法给予处分。

国家机关工作人员和教科书审查人员参与或者变相参与教科书编写的，由县级以上人民政府或者其教育行政部门根据职责权限责令限期改正，依法给予行政处分；有违法所得的，没收违法所得。

第五十七条　学校有下列情形之一的，由县级人民政府教育行政部门责令限期改正；情节严重的，对直接负责的主管人员和其他直接责任人员

附录

依法给予处分：

（一）拒绝接收具有接受普通教育能力的残疾适龄儿童、少年随班就读的；

（二）分设重点班和非重点班的；

（三）违反本法规定开除学生的；

（四）选用未经审定的教科书的。

第五十八条　适龄儿童、少年的父母或者其他法定监护人无正当理由未依照本法规定送适龄儿童、少年入学接受义务教育的，由当地乡镇人民政府或者县级人民政府教育行政部门给予批评教育，责令限期改正。

第五十九条　有下列情形之一的，依照有关法律、行政法规的规定予以处罚：

（一）胁迫或者诱骗应当接受义务教育的适龄儿童、少年失学、辍学的；

（二）非法招用应当接受义务教育的适龄儿童、少年的；

（三）出版未经依法审定的教科书的。

第六十条　违反本法规定，构成犯罪的，依法追究刑事责任。

第八章　附则

第六十一条　对接受义务教育的适龄儿童、少年不收杂费的实施步骤，由国务院规定。

第六十二条　社会组织或者个人依法举办的民办学校实施义务教育的，依照民办教育促进法有关规定执行；民办教育促进法未作规定的，适用本法。

第六十三条　本法自 2006 年 9 月 1 日起施行。